GODARD
PAR
GODARD

GODARD
PAR
GODARD

Des années Mao
aux années 80

FLAMMARION

ISBN : 2-08-081520-2

LES ANNÉES MAO
(1968 à 1974)

MANIFESTE

Cinquante ans après la Révolution d'Octobre, le cinéma américain règne sur le cinéma mondial. Il n'y a pas grand-chose à ajouter à cet état de fait. Sauf qu'à notre échelon modeste, nous devons nous aussi créer deux ou trois Vietnams au sein de l'immense empire Hollywood-Cinecittà-Mosfilms-Pinewood, etc. — et tant économiquement qu'esthétiquement, c'est-à-dire en luttant sur deux fronts, créer des cinémas nationaux, libres, frères, camarades et amis. — (Press-book de *La Chinoise*, août 1967).

LUTTER SUR DEUX FRONTS

Cahiers du cinéma. — Certains se demandent à propos de La Chinoise *si, à force d'engagement, le film ne risque pas de déplaire aux partisans de tous bords et de ne renvoyer en fin de compte qu'au cinéma...*

Jean-Luc Godard. — S'il en était ainsi, c'est que le film serait raté et réactionnaire. Cela rejoint d'ailleurs un peu ce que me disait Philippe Sollers, à ceci près qu'il part, lui, de l'idée que le film ne renvoie justement pas au cinéma. Il s'appuie pour cela sur la conversation entre Anne Wiazemsky et Francis Jeanson. Ce qui lui paraît réactionnaire dans cette scène, c'est qu'à l'intérieur du même dialogue, un discours réel (celui de Jeanson — nécessairement réel pour Sollers puisque le personnage s'appelle bien Jeanson) soit confronté à un discours fictif pseudo-révolutionnaire et que l'*on semble*, disait-il, donner raison au premier.

Cahiers. — Avez-vous le sentiment que le film privilégie effectivement l'un des deux discours ?

Godard. — À mon avis, celui d'Anne Wiazemsky, mais les spectateurs adhèrent à celui de leur choix.

Cahiers. — Pourquoi avez-vous fait appel à Francis Jeanson ?

Godard. — Parce que je le connaissais. Anne Wiazemsky le connaissait aussi : elle avait étudié la philo avec lui, ils pouvaient donc se parler. Et puis Jeanson est quelqu'un qui aime vraiment parler aux autres. Il parlerait même à un mur... Il a cette forme de générosité dont parlait Pasolini dans l'émission de Fieschi, quand il disait qu'il était gêné de tutoyer un chien. Il me fallait aussi Jeanson de préférence à un autre, d'un simple point de vue technique : Anne devait avoir en face d'elle quelqu'un qui la comprenne, qui puisse organiser son propre discours par rapport à elle. D'autant plus que le texte — si on peut l'appeler ainsi — n'était pas d'elle : c'est moi qui le lui soufflais. J'essayais de choisir des formules qui n'aient pourtant pas trop l'air de slogans, et qu'il fallait lier le mieux possible. Et pour cela, il fallait l'habileté de Jeanson qui, répondant à des propos complètement décousus, trouvait toujours une réponse cohérente et donnait à la scène l'allure d'une conversation suivie. Je tenais aussi à la référence à l'Algérie qui contribue à bien le situer, lui, Jeanson. C'est justement ce qui indigne Sollers. D'autres prennent simplement Jeanson pour un con, ce qui est une erreur aussi du fait que Jeanson a accepté simplement de jouer, là où beaucoup d'autres refusent : par exemple Sollers pour mon prochain film, Barthes pour *Alphaville*, et ce, parce qu'ils ont eu peur d'être ridiculisés, alors que le problème ne se pose absolument pas en ces termes. Francis a cela de bien qu'il sait qu'une image n'est qu'une image. Tout ce que je voulais, c'est que les gens écoutent. Qu'ils commencent par écouter. J'ai craint qu'on ne se dise, comme pour Brice Parain dans *Vivre sa vie* : « Ah ! Ce vieux con bavard, etc. », et qu'on ne se moque de lui, ou même qu'on m'accuse d'avoir voulu me moquer de lui. Or, du seul fait de la référence algérienne, on ne pouvait pas le faire. Quand j'interviewe quelqu'un, ma position — indépendamment des raisons d'amitié qui

m'ont fait m'adresser à celui-ci plutôt qu'à celui-là —,
est avant tout technique.

Au départ — Jeanson ayant donné à Anne des leçons
de philo —, je pensais en filmer une, je veux dire : la
naissance d'une idée philosophique, à propos de Hus-
serl ou Spinoza, mais finalement, c'est devenu ce qu'on
voit : le principe de la scène étant qu'Anne lui
révélerait certains projets qu'il l'engagerait à ne pas
accomplir, mais qu'elle exécutera quand même. Savoir
si cela relève ou non de la seule fiction, c'est autre
chose, et difficile à dire. Quand on voit une photo de
soi, est-ce qu'on est fictif ou non ?

Pour avoir un débat intéressant là-dessus, je crois
qu'il faudrait Cervoni d'une part, et quelqu'un des
Cahiers marxistes-léninistes de l'autre. Ou Régis Berge-
ron et René Andrieu. Ils se foutraient sur la gueule,
mais, après, on déboucherait peut-être sur quelque
chose, à condition bien sûr qu'ils acceptent également
de *partir* du cinéma avant d'y *arriver*.

*Cahiers. — La réaction des marxistes-léninistes n'a pas
été celle que vous escomptiez ?*

Godard. — Non. A l'ambassade de Chine, ils ont été
consternés. Le grand reproche qu'ils m'ont adressé est
que Léaud n'est pas blessé lorsqu'il retire ses ban-
dages. Là, il est évident qu'ils n'ont pas compris. Ce
qui n'exclut d'ailleurs pas qu'ils aient raison mais alors
au premier degré et pas au second ou l'inverse. Ils
craignent également que les Soviétiques ne se servent
du personnage d'Henri (personnage qui est devenu aux
yeux de beaucoup infiniment plus convaincant que je
ne le croyais au moment du tournage) pour se justifier.
Ils n'ont pas entièrement tort puisque André Gorz
(dont Henri lit dans le premier plan des extraits de son
Socialisme difficile) m'a dit : « Pour la première fois,
j'ai aimé un de vos films parce qu'il est clair, parce
qu'il est continu et pas discontinu, parce que le concret

y triomphe de l'abstrait, etc. » En fin de compte, sans doute n'ai-je pas assez souligné que mes personnages ne faisaient pas partie d'un véritable groupement marxiste-léniniste. Au lieu de se prétendre marxistes-léninistes, ils auraient dû se prétendre gardes rouges. Nous aurions évité quelques équivoques. Ainsi les étudiants marxistes-léninistes, ceux qui justement frappent par leur sérieux, ceux qui publient les *Cahiers*, n'auraient peut-être pas été irrités par le film comme ils l'ont été. Car ils n'auraient pas dû l'être. C'est là une réaction épidermique, analogue finalement à celle des gens du *Figaro* qui disent par exemple : « Voyez comme tout cela est ridicule : ils veulent faire la révolution et ils discutent dans un bel appartement bourgeois, etc. » Alors que ce genre de choses est clairement dit dans le film.

Cahiers. — *Voyez-vous la raison profonde de ce genre de malentendu ?*

Godard. — Sans doute ne sait-on pas encore *écouter* et *voir* un film. Et là est notre premier travail aujourd'hui. Par exemple, les personnes formées politiquement le sont rarement cinématographiquement, et vice versa. C'est généralement l'un ou l'autre. Pour ma part, c'est au cinéma que je dois ma formation politique, ce qui ne s'est, je crois, encore guère produit jusqu'à présent. Même si l'on songe à quelqu'un comme Louis Daquin, on se rend compte qu'il n'a fait qu'apporter au cinéma une éducation préexistante et mauvaise. Aussi n'a-t-il fait que des films moyens au lieu des bons films qu'il aurait dû faire. Alors, que puis-je dire de mon film de ce point de vue ? Il est pour moi très net que les deux filles sont considérées avec sympathie et tendresse, qu'elles sont le support d'une certaine ligne politique et que c'est à partir d'elles qu'il convient de tirer éventuellement la conclusion du film, conclusion qui est d'ailleurs de Chou En-laï : ils n'ont pas fait de bond en avant ; simplement, la Révolution culturelle est le premier pas d'une longue marche qui sera dix mille fois plus longue que l'autre. Reprenant cette conclusion à son compte, le personnage d'Anne Wiazemsky, armé comme il l'est, devrait donc évoluer plutôt bien, de même que celui de Juliet Berto ; Léaud, lui, évolue très bien puisqu'il trouve la forme convenable du théâtre. Henri fait un certain choix. Il revient au statu quo du PCF, il fait du sur place (caractérisé par le plan fixe sans montage) à l'intérieur de lui-même, donc, selon moi, coupé des vrais problèmes, à condition, encore une fois, que l'on parte, pour juger un film, d'abord d'une analyse scientifiquement ou poétiquement cinématographique, et non de l'anecdote romanesque ou politique. Seul Kirilov échoue vraiment. Tout cela est clair.

De toute façon, c'est le tiers-monde qui donne une leçon aux autres. Le seul personnage équilibré du film me paraît être le jeune Noir. Aussi lui ai-je fait tenir le discours qu'il tient, discours continu quoique composé de fragments (extraits de la préface d'Althusser à *Pour Marx*, extraits de Mao, extraits de *Garde rouge*). Il y avait certes là quelque chose de gênant, qu'a bien relevé Pierre Daix, puisque les questions posées ne s'appliquent pas directement à la situation mais à des problèmes plus généraux. Or, ce jeune militant a accepté d'être filmé, de porter son vrai nom et de faire ce discours d'un genre assez particulier.

Mais nous discutons là entre gens du même monde, disons de la même cellule. Or, le seul point de vue intéressant, en l'occurrence, serait un point de vue extérieur, celui, par exemple, de cinéastes cubains. Il y a vraiment un fossé entre le cinéma et la politique : ceux qui savent ce qu'est la politique ne savent pas ce qu'est le cinéma, et réciproquement. Ainsi, j'ai dit souvent que le seul film qu'il aurait fallu faire en

France cette année — et là-dessus, Sollers et moi étions bien d'accord — aurait été un film sur les grèves de la Rhodiaceta. Elles constituent un cas typique, plus instructif que celles de Saint-Nazaire, par exemple, parce qu'elles sont *modernes* par rapport à un type de grèves plus classique (sans tenir compte de leur dureté respective), à cause de l'interférence des revendications culturelles et financières. Seulement voilà, les gens qui connaissent le cinéma ne savent pas parler le langage des grèves et ceux qui connaissent les grèves savent mieux parler le Oury que le Resnais ou le Barnet. Les militants syndicaux ont compris que les gens ne sont pas égaux parce qu'ils ne gagnent pas la même chose ; il faut également comprendre que nous ne sommes pas égaux parce que, de plus, nous ne parlons pas la même langue.

Cahiers. — Vous nous disiez, il y a deux ou trois ans, combien il vous semblait difficile de faire des films politiques parce que ceux-ci nécessiteraient autant de points de vue qu'il y aurait de personnages, plus celui de Sirius qui les engloberait tous. Qu'en pensez-vous aujourd'hui ?

Godard. — Je ne suis plus du tout de cet avis. J'ai changé. Je pense que l'on peut privilégier un point de vue qui est juste aux dépens d'autres qui sont faux. C'est ce que la gauche « élégante » appelle les « lapalissades » du Petit Livre Rouge qui n'ont, en fait, rien des vérités de La Palice. Ou vous appliquez une politique juste ou vous appliquez une politique fausse. Lorsque je parlais ainsi, c'était en pensant que l'on devait être objectif (c'est-à-dire accorder, dans la presse par exemple, autant de place à tout le monde) ou, comme on dit : « démocrate ». Or, dans mon sketch du *Vangelo 70*, il est dit qu'il y a d'une part la démocratie, d'autre part la révolution.

Cahiers. — Et comment jugeriez-vous aujourd'hui votre premier film abordant la politique, Le Petit Soldat *?*

Godard. — Il était plausible. Je veux dire que c'est le seul film que pouvait faire dans ce cadre-là quelqu'un issu de la bourgeoisie et qui arrivait dans le cinéma. La preuve, c'est que Cavalier, quand il a voulu faire un film sur la guerre d'Algérie, a pris le même thème. Il n'y en avait pas trente-six. C'est un peu le thème des romans d'avant-guerre, *Aurélien* ou *Rêveuse bourgeoisie,* parce que le cinéma était en retard sur les événements. Ce qui est dommage, c'est qu'il n'y ait pas eu de films des autres : celui du réseau Jeanson, ou le film du PCF... Ils auraient été durs à faire, bien sûr... Encore une fois, si moi je ne savais pas de quoi il fallait parler, les gens qui le savaient ne savaient pas comment le faire. Mon film, lui, était plutôt juste sur le cinéma et plutôt faux sur le reste, c'était donc un film moyen.

Cahiers. — *Pourquoi avez-vous réduit au minimum tout ce qui concerne l'histoire d'amour entre Léaud et Anne Wiazemsky ?*

Godard. — Je me suis contenté de quelques indications, ça suffisait. On comprend qu'ils ont les problèmes de tout le monde, mais de cela j'avais déjà parlé dans d'autres films. Or, il n'y avait pas là de quoi faire un drame, donc pas de quoi faire un film.

Cahiers. — *Revenons à la phrase qui conclut* La Chinoise. *Le fait qu'elle soit dite au passé simple et sur un ton « éthéré » ne risque-t-il pas de renvoyer ce qui précède dans l'ordre de la chimère ?*

Godard. — C'est un passé simple, pas un passé compliqué. Le ton n'a rien d'éthéré : c'est la voix des héroïnes de Bresson... Quant à la chimère, c'est précisément le fait d'en prendre conscience qui va sans doute permettre à Véronique de la transformer en autre chose qu'une chimère. Par ailleurs, elle parle doucement et tranquillement comme les Chinois. Ça m'a frappé, à l'ambassade de Chine, de voir à quel point ils parlaient doucement... Le ton de Véronique est celui du bilan, elle se rend compte qu'elle n'a pas fait un grand bond en avant — quoiqu'elle en ait fait des tas, allant même jusqu'à tuer celui qui n'a jamais écrit *Le Don paisible* — mais un pas beaucoup plus timide.

Cahiers. — *Un film sur la Rhodiaceta permettrait justement de décrire une prise de conscience très différente de celle que décrit* La Chinoise...

Godard. — Oui, mais si actuellement un homme de cinéma faisait un tel film, ce ne serait pas du tout le film qui devrait être fait. Et s'il était fait par les ouvriers (qui, techniquement, pourraient très bien le faire si on leur donnait une caméra et quelqu'un pour les aider un peu), il ne serait pas du tout, culturellement, une représentation d'eux-mêmes aussi juste que celle qu'ils donnent lorsqu'ils font une grève. Voilà le fossé.

Cahiers. — *Le cinéaste doit essayer de devenir le relais...*

Godard. — Oui. Il faut apprendre à passer le relais. Apprendre à passer le témoin d'une autre manière, à d'autres personnes...

Cahiers. — *Dans* La Chinoise, *le cinéma prend de multiples aspects qui peuvent même se contredire...*

Godard. — C'est que j'avais autrefois beaucoup d'idées sur le cinéma et que je n'en ai plus du tout aujourd'hui. Dès mon second film, j'ai cessé de savoir ce qu'était le cinéma. Plus on fait de films, plus on s'aperçoit qu'on travaille selon des idées reçues, ou contre ces idées — ce qui revient presque ou même. C'est pourquoi je trouve criminel que ce ne soit pas quelqu'un comme Moullet qui soit chargé de faire *Les Aventuriers* ou *Deux Billets pour Mexico,* comme il est criminel que Rivette, en ce moment, après bien d'autres (exploités eux aussi par la gestapo de structures économico-esthétiques instaurées par la Sainte-

Alliance Production-Distribution-Exploitation),
réduise un discours de cinq heures à la sacro-sainte
longueur d'une heure et demie.

*Cahiers. — Pensez-vous avoir inventé quelque chose
dans le cinéma ?*

Godard. — Pour ma part, je n'ai fait qu'une
découverte dans le cinéma, c'est comment faire passer
souplement d'un plan à un autre, à partir de deux
mouvements différents, ou même, ce qui est plus
difficile, d'un plan en mouvement à un plan immobile.
C'est quelque chose que presque personne ne fait,
parce qu'on n'y pense jamais ; il faut tout simplement
reprendre le mouvement au stade où on l'a laissé dans
l'image d'avant. Ainsi, on peut enchaîner n'importe
quel plan à n'importe quel autre, celui d'une voiture à
celui d'une bicyclette, d'un crocodile à une pomme par
exemple. C'est quelque chose qui se fait couramment
mais un peu n'importe comment. Si on monte formel-
lement — et non pas à partir de changements d'idées,
comme le faisait Rossellini au début d'*India,* ce qui est
un tout autre problème —, quand on monte donc à
partir de ce qu'il y a seulement dans l'image, du
signifiant et non du signifié, il faut partir du moment
où la personne ou la chose en mouvement est cachée
par une autre, ou bien en croise une autre, et changer
de plan à ce moment-là. Sinon, on a un petit heurt. Si
le heurt est voulu, très bien, sinon, il n'y a pas moyen
de faire autrement. Mes monteuses le font toutes seules
maintenant... J'ai trouvé ça avec *A bout de souffle* et
depuis je l'ai appliqué systématiquement.

*Cahiers. — Vous n'avez plus d'idées sur le cinéma et
cependant il est toujours thématiquement présent dans* La
Chinoise...

Godard. — Il est en effet question de lui parce qu'il
se met en question. Je vois mal la possibilité de moins
le faire intervenir — quoique l'on tende paradoxale-

ment ainsi vers le narcissisme : la caméra qui se filmerait dans une glace serait en ce sens le film extrême.

Cahiers. — Un peu ce que vous avez fait dans Loin du Vietnam ?

Godard. — Pas tout à fait, car là c'était parce que l'on ne *pouvait pas* faire autre chose. Il fallait aller jusque-là. Puisque nous sommes tous des Narcisse, en tout cas à propos du Vietnam, autant l'avouer.

Cahiers. — Pensez-vous, comme vos personnages, que les communistes soviétiques aient « trahi » ?

Godard. — J'ai fait un film que j'ai appelé *La Chinoise* et dans lequel j'ai adopté, contre les thèses du PC français, celles des écrits de Mao Tsé-toung ou des *Cahiers marxistes-léninistes.* Encore une fois, le mouvement que j'ai suivi est cinématographique, ce qui explique que les CML puissent taxer le film de « gauchiste » et même *L'Humanité nouvelle* de « provocation fasciste ». Mais je pense que s'il y a du vrai dans ces opinions, le problème n'est pas si simple, car en ce qui concerne le cinéma il est mal posé.

Cahiers. — Comment expliquez-vous la force qu'a prise aux yeux de beaucoup la déclaration d'Henri, le révisionniste ?

Godard. — Je ne l'avais pas prévue, mais maintenant, je me l'explique très bien. A un certain moment, il est seul contre quatre, c'est tout. Si vous filmez Guy Mollet face à quatre personnes qui le contrent, c'est cet imbécile et salopard de Guy Mollet qui aura l'air d'une pauvre brebis.

Cahiers. — Henri est tout de même le seul personnage du film qui s'explique complètement.

Godard. — Non, c'est le seul personnage dont les gens pensent qu'il s'est expliqué complètement. Les autres en ont moins besoin dans la mesure où pour eux les choses sont plus claires. Il faut également tenir compte du fait que les gens ont tendance à favoriser celui qu'ils préfèrent, eux, que de toute façon ils n'écoutent pas bien et qu'ils ne font en outre jamais l'addition de ce qui a été dit.

Cahiers. — Renoir déjà mettait en doute l'influence immédiate du cinéma : la guerre, remarquait-il, avait éclaté juste après qu'il avait fait La Grande Illusion, *un film pour la paix...*

Godard. — Ah ça oui ! Le cinéma n'a pas la moindre influence. On a cru un jour que l'arrivée du train en gare ferait peur. Ça a fait peur une fois, mais pas deux. C'est pourquoi je n'ai jamais pu comprendre, même *ontologiquement,* la censure. Elle part du principe que le son et l'image ont des répercussions sur la conduite des gens.

Cahiers. — C'est que l'influence de l'image n'est guère repérable.

Godard. — Sans doute, mais alors ni plus ni moins que le reste, c'est-à-dire que tout. Car tout a de l'influence d'une manière ou d'une autre. Si l'on excepte cette partie du cinéma qui s'appelle télévision, disons que le cinéma a l'influence des recherches de laboratoire, du théâtre ou de la musique de chambre.

Cahiers. — Ce qui diminue la confiance que vous avez en lui ?

Godard. — Pas du tout. Au contraire. Mais il faut se rendre compte que les millions de spectateurs qui ont vu *Autant en emporte le vent* n'ont pas été influencés par lui, pas plus que ceux, moins nombreux, qui ont vu le *Potemkine*. On a mis la délinquance juvénile sur le compte du cinéma, mais plus la fréquentation des cinémas baissait aux États-Unis, plus la délinquance juvénile augmentait. Les sociologues n'ont jamais étudié vraiment la question.

Cahiers. — Pourquoi le cinéma chinois est-il si mauvais ?

Godard. — Mis à part les films-ballets, parce qu'ils ne savent pas ce qu'il faut faire. Ils se sont vite aperçus que les films qu'ils faisaient étaient des films soviétiques et que les films soviétiques qu'ils faisaient ainsi par personnes interposées étaient des films américains. L'idéologie de Doris Day (schémas des dialogues, décor, clairs de lune, etc.) régnait dans le cinéma révolutionnaire chinois il y a encore quatre ans. Alors, ils se sont arrêtés.

Cahiers. — *Il y a dans* La Chinoise *vos deux premiers plans vraiment provinciaux : les deux plans de campagne sur lesquels viennent quelques réflexions sur les problèmes paysans...*

Godard. — Oui. On a écrit, à *L'Humanité,* que c'étaient des cartes postales. Je ne sais pas. Tout ce que je sais, c'est que dès que l'on a aperçu un pré, des poules et une vache, on s'est arrêté et on a filmé. Puis on est revenu. Je ne vois pas où est la faute. Il fallait ces plans puisque Yvonne venait de la campagne et que justement un des personnages parlait un peu des problèmes ruraux.

Cahiers. — *Le personnage de Juliet Berto est nouveau pour vous...*

Godard. — Je ne voulais pas montrer que des Parisiens. Je voulais quelqu'un qui soit monté de la province pour illustrer un autre vice de notre société : la centralisation. Et quelqu'un, aussi, qui, par rapport aux autres, ne possède rien, se trouve démuni. Qui est sincère, qui sent qu'avec leur petit groupe quelque chose est possible. Par eux, elle accède à la culture qui lui a été refusée. Elle pensait d'abord que c'était quelque chose qui tombait du ciel. Ensuite, elle se met à lire les journaux, puis elle en vend : c'est un premier cheminement.

Cahiers. — *Dans le travelling sur le balcon, pendant les exposés théoriques, la division de l'espace par les trois fenêtres divise aussi la classe en trois groupes : le « professeur », les élèves, et Yvonne, la bonne, qui cire les chaussures ou lave la vaisselle...*

Godard. — Il fallait aussi montrer que même pour ceux qui veulent vivre sans classes sociales, elles demeurent. C'est d'ailleurs à ce moment que l'on entend la question : « Est-ce que la lutte des classes existera toujours ? »

Cahiers. — *En fait, les deux premières catégories — maître et auditeurs — peuvent interférer. Mais la troisième est vraiment maintenue à l'écart.*

Godard. — C'est physiquement, et pas mentalement, qu'il lui est « interdit » de participer aux discussions. Ou tactiquement : car, à la fin du film, cet accès ne lui est plus interdit : elle vote, par exemple. Et sans doute se trouve-t-elle avoir fait, en fin de compte, plus de chemin vers les autres qu'ils n'en ont fait eux-mêmes vers ses propres réalités — qu'il fallait sans doute explorer, mais dont ils ont remis l'exploration et l'étude à plus tard. De tous les personnages du film, c'est cette paysanne qui parcourt le plus long chemin. Ensuite Léaud, et Anne, puis Henri.

Cahiers. — *Le film est fait d'une suite de courtes séquences qui semblent totalement indépendantes les unes des autres.*

Godard. — C'est exclusivement un film de montage. J'ai tourné des séquences autonomes, sans ordre, et je les ai organisées ensuite.

Cahiers. — *C'est-à-dire que l'ordre des séquences dans le film aurait pu être autre ?*

Godard. — Non. Car je pense qu'il y avait un ordre, une cohérence à trouver. Et que c'était justement celui-là et pas un autre. Mais le montage a été très difficile. Nous avons tourné... dans l'ordre du tournage ! Alors que d'habitude je tourne dans l'ordre des séquences, en continuité, c'est-à-dire avec une certaine idée préa-

lable de la chronologie et de la logique du film —
même s'il m'arrive d'intervertir des séquences entières.
Là, pour la première fois, l'ordre du tournage ne
présupposait rien. Parfois, bien sûr, je savais au
moment de les tourner que deux plans iraient forcément ensemble : deux plans d'une même discussion,
par exemple, et encore, pas toujours... La plupart
étaient indépendants. Ils ont été reliés ensuite — ce qui
fait qu'ils ne sont plus indépendants, mais solidaires,
sinon cohérents.

*Cahiers. — Quel était le point de vue qui vous guidait ?
Une cohérence purement logique, émotionnelle, ou simplement plastique ?*

Godard. — Logique, toujours. Mais la logique peut
s'exprimer de mille façons. Prenons un exemple : l'un
des textes exposés est un discours de Boukharine.
Après la lecture, l'un des cartons dit : « Ce discours a
été prononcé par Boukharine, etc. ». On voit alors la
photo de celui qui a accusé Boukharine. On pouvait
bien sûr montrer le portrait de Boukharine, mais ce
n'était pas nécessaire puisqu'on venait de le voir sous la
forme de celui qui le représentait en disant son
discours. Il fallait donc montrer l'adversaire :
Vichynski, en l'occurence Staline. Donc : photo de
Staline. Et comme c'est un jeune homme qui parlait au
nom de Boukharine, on montre une photo de Staline
jeune. Cela nous mène à l'époque où Staline jeune en
voulait déjà à Lénine. Or, Lénine, à cette époque, était
déjà marié. Et un des plus grands ennemis de Staline,
qui intriguait déjà contre Lénine, était la femme de
celui-ci. Donc, après le plan de Staline jeune, on
met un plan de Oulianova. C'est logique. Et que doit-
il y avoir ensuite ? Eh bien, ensuite, il y a ce qui
a renversé Staline : le révisionnisme. On voit alors
Juliet lire une annonce de *France-Soir* où la Russie
soviétique fait de la publicité pour les monuments

tsaristes. Juste après, donc, que l'on a vu, jeunes, tous ceux qui avaient fusillé le Tsar. C'est une sorte de théorème qui se présente sous une forme de puzzle : il faut chercher quelle pièce s'ajuste exactement à quelle autre. Il faut induire, tâtonner et déduire. Mais, en fin de compte, il n'y a qu'une possibilité d'ajustement, même si de la découvrir demande d'essayer plusieurs combinaisons.

Cahiers. — C'est faire au montage le travail que la plupart des cinéastes font au stade du découpage...

Godard. — En quelque sorte, oui. Mais c'est un travail qui n'a aucun intérêt sur le papier : car, si c'est pour travailler sur du papier, pourquoi faire des films ? Là-dessus, je pense un peu comme Franju : une fois que j'ai rêvé le film, j'estime qu'il est fait : je peux le raconter vaguement, alors, pourquoi le faire ? Sans doute par correction vis-à-vis du public. Comme dit encore Franju : « Pour qu'il ait quelque chose à se mettre sous la dent ». Et il précise : « Quand j'ai écrit mes huit cents pages, je ne vois vraiment pas ce qu'il y a de plus à faire. On veut que je tourne ça ? Bon, je le tourne, mais alors on a le cafard, on se saoule la gueule. » Pour éviter ça, un seul moyen : ne pas faire le découpage.

Cahiers. — Vous tournez donc un peu à l'aveuglette, mais avec une liberté absolue ?

Godard. — La question ne se pose pas en ces termes. C'est en tournant que l'on découvre les choses qu'il faut tourner. De même qu'en peinture, il faut bien mettre une couleur après l'autre. Puisque le cinéma se tourne avec une caméra, on peut aussi bien supprimer le papier. A moins qu'on n'aille plus loin encore et que l'on ne fasse comme McLaren — l'un des plus grands du cinéma — écrire directement ses films sur pellicule.

Cahiers. — En tournant, vous constituez en quelque sorte une collection d'objets qu'il vous restera à classer...

Godard. — Non, car il ne s'agit pas de n'importe quels objets : c'est une collection qui a un certain but, une direction précise. Il ne s'agit pas non plus de n'importe quel film, mais d'un film particulier. On ne prend des objets qu'en fonction du besoin qu'on en a. Mon prochain film, c'est un peu le contraire : il est structurellement entièrement organisé. Dans *La Chinoise,* je n'avais que des détails à assembler, beaucoup de détails. Pour *Week-End,* au contraire, j'ai la structure, mais pas les détails. Les grandes idées, mais pas les petites. Évidemment, c'est angoissant : angoisse de ne pas trouver la chose juste à faire, de ne pas tenir ma promesse, puisque, en échange de la somme que l'on m'a allouée, je me suis engagé à donner un film. Mais même cela repose sur une idée fausse, car ce n'est pas en termes de dettes ou de devoir — *dans* le mauvais sens — que devrait se poser le problème du travail. En termes d'activité normale, plutôt : de vacances, de vie, de respiration juste. Il faut que le temps soit juste.

Cahiers. — *Pourquoi avez-vous « collé », dans* La Chinoise, *une photo de Michel Deguy ?*

Godard. — Parce que j'ai lu quelques poèmes de lui que j'aime beaucoup. Sa photo est là comme représentative de l'inventeur. Il avait une belle tête, qui inspirait confiance.

Cahiers. — *Partagez-vous l'opinion d'un de vos personnages selon qui Michel Foucault confondrait les mots et les choses ?*

Godard. — Ah là là, le révérend père Foucault ! J'ai d'abord lu le début de son dernier livre : l'analyse des *Ménines* de Velasquez, puis je l'ai butiné çà et là — vous savez, je ne sais pas lire. Ensuite, en repérant mes extérieurs et intérieurs à la faculté de Nanterre, j'ai parlé aux étudiants et professeurs et découvert les ravages qu'avait fait le livre dans le corps des enseignants et des enseignés. Je l'ai alors repris dans cette

optique et il m'a semblé bien contestable. La vogue des
« sciences humaines » entretenue par la grande presse
me paraît suspecte. Il paraît que Gorse, un moment,
voulait le placer à la direction de l'ORTF. J'avoue que
je préférerais encore Joanovici.

*Cahiers. — Que pensez-vous, à ce propos, de l'apport
de la linguistique dans l'étude du cinéma ?*

Godard. — J'en discutais justement tout à l'heure à
Venise avec Pasolini. J'avais besoin de parler avec lui
parce que, comme je vous l'ai dit, je ne sais pas lire, ou
en tout cas, pas ce que les gens comme lui écrivent sur
le cinéma : je trouve ça tout à fait inutile. Que ça
l'intéresse, lui, Pasolini, de parler de « cinéma de
prose » ou de « cinéma de poésie » — d'accord, mais
quand il s'agit de quelqu'un d'autre... Si j'ai lu son
texte sur le cinéma et la mort paru dans les *Cahiers*,
c'est parce que c'est un texte de poète et qu'il y parle de
la mort. C'est donc beau. C'est beau comme est beau le
texte de Foucault sur Velasquez. Mais je vois mal sa
nécessité. D'autres choses seraient également vraies. Si
je n'aime pas tellement Foucault c'est parce qu'il nous
dit : « A telle époque, les gens pensaient ceci ou cela,
et puis à partir de telle date, on a pensé que... » Moi, je
veux bien, mais est-ce qu'on peut être aussi sûr ?
C'est justement pour ça que nous tentons de faire des
films : pour que les Foucault futurs ne puissent
affirmer de telles choses avec autant de présomption.
Sartre n'échappe pas non plus à ce reproche.

Cahiers. — Que vous a répondu Pasolini ?

Godard. — Que j'étais un con. Et Bertolucci était du
même avis, à savoir que j'étais trop moraliste. Mais
finalement, je ne suis pas convaincu... C'est tomber
dans la filmologie telle qu'elle s'enseignait un moment
à la Sorbonne et risquer de tomber plus bas encore. Car
enfin, cette histoire de « cinéma de prose » et de
« poésie », Sam Spiegel est tout à fait d'accord avec.

Simplement il dit : « Moi, je fais du cinéma de prose, parce que le cinéma de poésie, le grand public, ça le fait chier. » C'est toujours la même chose, les idées séduisantes empruntées et dénaturées par d'autres. Hitler revisitant Nietzsche. Peut-être mon avis sur la linguistique est-il leclercien, ou pire : poujadiste, mais je suis d'accord avec Moullet qui employait à Pesaro le langage du bon sens...

Cahiers. — Mais un homme comme Levi-Strauss est justement quelqu'un qui se refuse à employer à tort et à travers la terminologie linguistique, qui l'utilise avec la plus extrême prudence...

Godard. — Tout à fait d'accord, seulement, quand je le vois prendre Wyler comme exemple pour parler du cinéma — ce qui est son droit — je le regrette car je me dis que si, en ethnologie, il préfère la tribu Wyler, moi je préfère la tribu Murnau. Prenons un autre exemple : Jean-Louis Baudry vient d'écrire dans *Les Lettres françaises*, et, en lisant son article, je me suis dit : « Tiens, il est rudement bien cet article, voilà un type qui devrait écrire un jour sur *Persona*, il en parlerait très bien. » Or l'article était justement déjà, en principe, sur *Persona*. Metz aussi est un cas bizarre. C'est celui qui est le plus sympathique parce qu'il va vraiment voir les films et qu'il les aime. Mais en même temps, je comprends mal ce qu'il veut. Il part effectivement du cinéma, mais pour s'engager très vite dans une autre direction. Ensuite, il revient de temps en temps piocher dans le cinéma mais s'en écarte à nouveau sans s'en douter. S'il s'agissait d'une recherche où le cinéma ne serait qu'un outil, je n'y verrais pas d'objection, mais s'il est l'objet de la recherche, je ne comprends plus. Il me semble qu'il y a là non pas contradiction, mais antagonisme.

Cahiers. — Metz ne s'occupe justement pas de la même chose que nous.

Godard. — Bien sûr, mais il y a tout de même une base commune sur laquelle il faudrait toujours s'appuyer. Il me semble qu'elle est souvent abandonnée. Je comprends généralement les intuitions d'où part Pasolini mais pas la nécessité du discours logique qu'il développe ensuite. Qu'il trouve prosaïque un plan d'Olmi et poétique un plan de Bertolucci, je veux bien, mais objectivement il pourrait dire exactement le contraire. C'est un peu la démarche de Cournot qui refuse une partie du cinéma parce que, pour lui, ce n'est pas du « cinéma ». Il est ainsi amené à repousser Ford qu'il ne parvient pas à différencier de Delannoy ! On ne peut pas dire que ça éclaire quoi que ce soit.

Tout cela me fait penser au livre de Barthes sur la mode. Il est illisible pour une simple raison : c'est qu'il *lit* un phénomène qui doit être vu et senti parce que *porté,* donc *vécu.* Les reproches de Sartre sont ici très fondés. Je pense que Barthes ne s'intéresse pas vraiment à la mode, qui ne lui plaît pas en tant que telle, mais en tant que langage déjà mort, donc possible à décoder. A Pesaro, c'était pareil. Il réprimandait Moullet comme un père ses enfants. Or, les enfants du langage cinématographique, c'est nous. Et nous n'avons que faire du national-socialisme de la linguistique. Notez que nous en revenons toujours à la même difficulté : celle de parler de la « même chose ». En science, en littérature, les gens de *Tel Quel* me paraissent capables de découvrir des choses fondamentales, mais dès qu'il s'agit de cinéma, quelque chose leur échappe. La manière dont ceux qui connaissent le cinéma en parlent entre eux est absolument différente, qu'il s'agisse de vous, aux *Cahiers,* de Rivette et de moi quand nous parlons des derniers films sortis, des gens de *Positif* quand ils parlent de Jerry Lewis, de Cournot quand il parle de Lelouch et dit que ce n'est ni l'émotion ni la pensée. Je repense à ma discussion avec

Sollers. Il me reprochait de parler par exemple, de dire toujours « de même que... », « c'est comme... ». Mais en fait je ne parle pas par exemples, je parle par plans. Comme un cinéaste. Je ne pouvais donc pas me faire comprendre de lui. Il m'aurait fallu faire un film dont ensuite nous aurions discuté, peut-être est-ce que ce qui est signifié pour lui sur un écran est signifiant pour moi. Il y a là quelque chose qui n'a pas été élucidé mais qui, après tout, est probablement assez simple. En peinture, c'est un peu la même chose, si Élie Faure nous émeut c'est qu'il parle de peinture en termes de roman. Il faudrait vraiment traduire une bonne fois pour toutes les vingt volumes d'Eisenstein que personne ne connaît parce qu'il a parlé de tout ça, d'une autre manière... Et il est parti de la technique, lui aussi, des problèmes simples, pour aller de là aux plus complexes. Il est allé du travelling jusqu'au Nô pour revenir expliquer les escaliers d'Odessa. C'est de la technique que peut se dégager une idéologie. Exactement comme c'est de la guérilla que Régis Debray dégage la révolution en Amérique latine. Seulement le cinéma est tellement pourri idéologiquement qu'il est beaucoup plus difficile d'y faire la révolution que dans tout autre domaine. Le cinéma est une des choses qui existent de façon purement pratique. Et, encore une fois, il s'est trouvé que la force économique a sécrété une certaine idéologie qui a éliminé peu à peu toutes les autres. En ce moment, on assiste à une renaissance de toutes ces autres — parmi lesquelles les meilleures.

De ce point de vue, certains des textes de Noël Burch sont intéressants : ce qu'il dit sur les raccords, c'est purement pratique, et on sent que c'est le fait de quelqu'un qui a pratiqué et pensé la chose, qui a tiré certaines conclusions de ses manipulations. Or, avec un travail d'ensemble, sérieux, suivi, tout pourrait être facilement inventorié, répertorié.

De ce point de vue, un pays jeune peut très bien commencer par faire un travail de ce genre. Ils n'ont qu'à acheter de bons films, se constituer une cinémathèque, et étudier les films. Ils feront du cinéma plus tard. En attendant, ils apprendront. Avant de se livrer comme les linguistes à une approche scientifique du cinéma, il faudrait commencer par relever tous les *faits* scientifiques du cinéma. Ils n'ont encore jamais été relevés. Pourtant, c'est possible. C'est *encore* possible, puisque la projection du « Grand Café » n'est pas si lointaine, que la première épreuve de Niepce existe *encore* à Chalon. Mais si l'on tarde trop, ce ne sera plus possible. Parce que les films disparaissent. Les livres, déjà, finissent par disparaître, mais les films ne durent même pas aussi longtemps. Dans deux cents ans, les nôtres n'existeront plus. On aura des vieux bouts des bons comme des mauvais films, puisque les lois pour protéger les premiers n'auront pas encore été établies. Donc, nous travaillons dans un art vraiment éphémère. A l'époque où je commençais à faire du cinéma, je pensais le cinéma en termes d'éternité. Maintenant, j'y pense vraiment comme à quelque chose d'éphémère.

Cahiers. — N'y a-t-il pas, finalement, autant d'incompatibilités de langage entre les « littéraires » et les « cinématographiques » qu'entre ceux-ci et les gens de la Rhodiaceta —, bien que les littéraires aient déjà pas mal écrit sur le cinéma ?

Godard. — S'ils l'ont fait, c'est souvent dans la mesure où celui-ci comporte parfois des références aux formes littéraires, ou carrément des citations littéraires...

Cahiers. — Pensez-vous que, quand Aragon écrit sur vous, ce soit à cause des « collages » ?

Godard. — Ce sont peut-être les digressions qui l'attirent, le fait que quelqu'un les emploie aussi bien comme digressions proprement dites que comme mode

de construction. Aragon est de toute façon de ceux —
les poètes — qui savent donner de la beauté à tout ce
qu'ils disent. Si on ne parle pas du cinéma en termes
poétiques, alors il faut le faire en termes scientifiques.

On n'en est pas encore là. Notons un simple fait : les
gens vont dans une salle sans jamais se demander
pourquoi, alors qu'il n'y a aucune raison pour que les
films soient projetés dans des salles. Ce simple fait est
révélateur. Bien sûr, dans l'état où sont actuellement
les choses, il faut des salles, mais elles ne devraient plus
exister que comme des églises désaffectées, ou des
stades. Les salles donc, existeraient toujours, et les
gens iraient voir les films de temps à autre, parce qu'ils
auraient envie, un jour, de les voir sur un bel écran, à
la façon de l'athlète qui, un jour de semaine, va
s'entraîner tout seul, loin de la folie de la compétition,
du bruit et de la drogue. Mais, normalement, on
devrait pouvoir le faire chez soi, sur son circuit de
télévision, ou son mur. Tout est possible, mais on ne
fait rien pour ça. Par exemple, depuis longtemps, il
devrait y avoir des salles de cinéma dans les usines, et
on aurait dû envisager l'agrandissement des écrans de
télévision, mais on a peur.

*Cahiers. — Pensez-vous que l'esthétique du cinéma soit
liée aux modes de diffusion et de réception : salles, circuits,
etc. ?*

Godard. — Si l'on changeait ces conditions, tout
changerait. Aujourd'hui, un film est soumis à un
nombre incroyable de règles arbitraires. Un film, ça
doit durer une heure et demie, ça doit raconter une
histoire... Oui, un film doit raconter une histoire, tout
le monde est d'accord là-dessus : simplement on n'est
pas d'accord sur ce qu'est et doit être cette histoire. On
se rend compte aujourd'hui que le cinéma muet était
infiniment plus libre que le parlant — ou, plus
exactement, que ce qu'on a fait du parlant. Même d'un

metteur en scène sans génie comme Pabst, on a
l'impression qu'il jouait sur un grand piano — tandis
qu'aujourd'hui, un cinéaste du même talent, s'il s'analyse correctement, il aura l'impression qu'il joue sur un
tout petit piano. C'est tout un état d'esprit. Par
exemple, quand on construit une salle de cinéma, on
ne prend jamais la peine de consulter un opérateur ou
un metteur en scène. On n'y pense même pas. Et on ne
demande pas son avis à un spectateur. Ce qui fait que
les trois personnes les plus intéressées par la chose
n'ont jamais l'occasion de faire connaître leurs désirs.
Il est vrai que même les maisons sont construites dans
cet esprit-là, mais les architectes de cinéma sont au-
dessous de tout. De toute façon, ce sont des gens qui
ne vont pas au cinéma.

*Cahiers. — Et que faire, à court terme, pour essayer de
changer tout cela ?*

Godard. — Le mieux que nous ayons à faire
actuellement, c'est d'aborder les problèmes techniques, tout ce qui concerne l'économie, la production,
la projection, les laboratoires, etc. Pour les jeunes qui
commencent à entrer dans le cinéma, il n'est pas
nécessaire de tout savoir. Ils peuvent très bien commencer sans connaître Lumière ou Eisenstein. Un
jour, ils feront leur connaissance, de même que Picasso
a connu l'Art nègre à trente ans. S'il ne l'avait pas
connu à ce moment, eh bien, il aurait peint *Les
Demoiselles d'Avignon* plus tard et fait quelque chose
d'autre entre-temps. Les jeunes ont de la chance, celle
de pouvoir recommencer. Des gens ont travaillé pour
eux, même si ce travail a été confus et désordonné. Il
leur faut maintenant dresser un vaste catalogue des
choses, des plus infimes aux plus grandes, qui ne vont
pas dans le cinéma, des fauteuils (ils sont pires dans les
salles d'Art et d'Essai que partout ailleurs) aux tables
de montage...

Ainsi, je me suis récemment acheté une table de montage, et j'ai vu que tous les problèmes étaient mal posés. Elles sont fabriquées par des gens qui justement ne font pas de montage. Je la garde en espérant, quand j'aurai plus d'argent, me la faire refabriquer fonctionnellement.

Cahiers. — En quoi est-elle mal conçue ?

Godard. — Les tables de montage sont fabriquées en fonction d'une certaine esthétique, on les a toujours considérées comme de petits appareils de projection. Cela convient à des gens pour qui le montage consiste à faire des marques crayon en main. Le metteur en scène se pointe le lundi matin et dit à la monteuse de faire les coupes et de coller. La monteuse enlève le film de l'appareil et fait à une autre table le travail commandé, ou le fait même de son propre chef lorsqu'il s'agit de gens comme Grangier ou Decoin qui ne se dérangent pas. À Hollywood, c'est la même chose, sauf que les monteurs sont meilleurs. De toute façon, le montage se fait à côté. Mais il y a d'autres cinéastes (Eisenstein a été le premier, Resnais le second, moi le troisième) qui montent, chacun différemment bien sûr, mais *à la table,* avec l'image et contre le son. Les problèmes de manipulation ne se posent pas du tout de la même manière. Je fais sans arrêt aller la pellicule en avant et en arrière, et je colle sans enlever les rouleaux. Et si la table n'est pas pensée pour cette opération, ce n'est pas commode !

Cela, finalement, c'est encore un simple truc économique qui témoigne d'une idéologie. Si les tables sont fabriquées ainsi, c'est que les trois quarts des monteurs avaient pris l'habitude de monter d'une certaine façon. Et après tout, personne n'a jamais dit aux fabricants de tables de travailler autrement. J'ai pris l'exemple du montage, mais c'est partout pareil... Si on fait du cinéma révolutionnaire et qu'on emploie une table de montage inventée par des réactionnaires, les choses clochent obligatoirement. C'est ce que je reprochais à Pasolini : sa linguistique, c'est une belle table de montage réactionnaire...

Par ailleurs, plus je fais des films, plus je m'aperçois qu'un film est quelque chose de très fragile, qui existe très difficilement, et qui ensuite est vu non moins difficilement, bref, que tout est faussé. Je pense que si on résolvait d'abord ces problèmes — ce qui n'arrivera probablement jamais en Occident —, on pourrait alors retrouver d'autres manières de travailler, de faire quelque chose de vraiment neuf. D'aussi neuf que ce qui a été découvert aux débuts du cinéma. Tout ce qui a été inventé l'a été dans les dix ou vingt premières années du muet, quand la technique avançait de pair avec la création et la diffusion. Maintenant, au contraire, on a perdu de vue les relations entre les choses, chacune va de son bord... en admettant qu'elle aille quelque part. Le seul article que j'aurais envie d'écrire dans les *Cahiers* — mais ça demanderait très longtemps, d'autant que je découvre chaque jour quelque chose là-dessus —, porterait sur les nouveaux débuts possibles du cinéma. Sous la forme d'un problème qui se poserait à un jeune Africain : « Voilà, votre pays vient d'acquérir son indépendance, vous venez d'être chargé, avec quelques camarades, de l'établissement de votre cinématographie, puisque vous avez enfin la liberté d'en avoir une. Vous videz de vos salles Jacquin et la Comacico, puisqu'en Guinée même, le pays le plus révolutionnaire, les salles sont des salles Comacico et qu'en Algérie, où on a pourtant nationalisé le cinéma, on l'a redonné aux distributeurs, ce qui fait que très vite tout appartiendra de nouveau aux particuliers, tout sera comme avant. Vous avez décidé d'avoir un cinéma, d'en faire vraiment un. Cela veut dire ne plus importer *La Marquise des Anges*, mais prendre d'abord les films de Rouch ou de tel jeune Africain formé par Rouch, ou tout autre chose qui présentera pour vous un véritable intérêt, et si vous travaillez avec De Laurentiis, forcez-le à vous construire des studios au lieu d'aller dans les siens. Bref, vous avez tout à faire, profitez-en. Vous aurez aussi à étudier tout ce qui concerne la fabrication et la circulation des films, à faire ou à refaire vos salles ou ce qui les remplacera dans le cœur et les yeux de vos spectateurs militants, etc. » C'est impossible de faire une liste de toutes les bêtises à supprimer, elle deviendrait aussi gigantesque que les inventaires de Rabelais ou de Melville.

Une vraie redéfinition du cinéma, ce serait ça. Pour reprendre l'exemple algérien, essayer d'utiliser l'argent gagné dans des coproductions pour construire des laboratoires au lieu de financer, à côté d'une ou deux choses comme *Le Vent des Aurès*, les films de Jacquin. C'est incroyable, mais *Le Soleil noir* est financé à 50 % par la Cinématographie algérienne qui n'a même pas de laboratoires et envoie développer ses « actualités » en France ou en Italie par Air France ou Alitalia, qui lui paraissent plus sûrs qu'Air Algérie...

Cahiers. — Malheureusement, on constate parfois aussi que lorsque des cinéastes de jeunes pays font leur premier court métrage, ils essaient d'imiter les pires modèles de notre cinéma.

Godard. — Bien sûr, le problème est aussi individuel et mental, mais justement, pour démarrer, il faut se baser sur une chose non mentale : la technique. C'est de là que viendra une nouvelle mentalité. Évidemment, les choses sont difficiles ; le directeur du Centre du cinéma algérien, par exemple, est persuadé qu'il est mieux que ses films soient distribués par Jacquin ou Tenoudji. C'est le drame du tiers monde, coincé de toutes parts, pressé par les besoins d'argent. Tout s'enchaîne contre lui, comme contre les chômeurs. C'est pourquoi, en Algérie, plutôt que des films de jeunes, on produit des films italiens : on avait donné de la pellicule à des jeunes et ils l'ont utilisée pour faire des folies. Alors, il vaut mieux arrêter pendant un certain temps la production nationale, donner aux jeunes la possibilité et le temps de se livrer à l'étude et à la recherche, de voir le plus de bons films possible. La crise passera. On peut aussi les faire travailler à la télévision ou dans des laboratoires, les employer au doublage, etc. Ce serait d'autant plus utile que, nulle part, les metteurs en scène ne sont vraiment au courant de ce qui se passe dans une salle de montage ou dans un laboratoire. Chacun, dans le cinéma, devrait faire un stage dans le secteur voisin. Les opérateurs, par exemple, apprennent certaines choses à l'école, mais ils ne font pas de stage dans les laboratoires. Le résultat est qu'entre l'opérateur et le laboratoire, on ne se comprend pas. Vous faites un film avec un opérateur qui est un maître de la lumière et qui connaît aussi bien celle de Renoir que celle de Rembrandt. Ce film sera étalonné par quelqu'un qui n'a aucune idée de ce qu'est la lumière, ni chez Renoir ni chez Rembrandt : le résultat sera trop foncé ou trop clair, de toute façon ce sera aplati, simplement parce que le technicien du laboratoire n'a aucune idée de ce qu'il peut et de ce qu'il faut faire. Ou le contraire. Je me souviens de Matras à Madrid. Au lieu d'aller au Prado, il envoyait des cartes postales en mexichrome à sa femme. Il en est ainsi à tous les stades du cinéma : les gens ne sont pas éduqués. Car c'est une question d'éducation. En France, on a tout ce qu'il faut pour bien travailler, mais les gens qui organisent le travail sont soit des fainéants, soit des brigands. Ils emploient des gens honnêtes mais sans les former, sans leur donner de responsabilités, en ne faisant d'eux que des rouages du système. Car les travailleurs du cinéma sont toujours bien intentionnés, ils pensent bien faire. Tout simplement ils sont enfermés à leur insu dans le système des préjugés esthétiques ou économiques. Ce qu'il faut faire alors, et cela suffit généralement, c'est leur expliquer. Expliquer à un projectionniste par exemple qu'il est inutile qu'il ouvre et ferme son rideau, puisque le cinéma n'est pas le théâtre. Autre exemple : la Commission supérieure technique, qui doit en principe veiller au respect de certaines normes de qualité dans les projections. Le principe est excellent, l'application nulle et sans effet. La CST n'est même pas capable d'obtenir d'une salle qui bousille les projections qu'elle s'améliore si peu que ce soit. Elle y échoue parce que les projectionnistes sont mal payés et que règne chez elle le trafic d'influences. Et s'ils sont mal payés, c'est parce qu'on pense que leur travail n'est pas primordial. On a pour eux le même mépris que pour les machinistes ou les ingénieurs du son. Un machiniste sait beaucoup de choses, et très souvent il parle mieux du cinéma que son metteur en scène. Mais il n'est pas censé compter dans le cinéma. Quant aux ingénieurs du son, ils sont plus mal payés que les ingénieurs de l'image. Pourquoi ? Cela découle d'une certaine idéologie. On se dit : « Pourquoi l'ingénieur du son serait-il aussi bien payé que le directeur de la photo puisque le cinéma est l'art de l'image ! » C'est évidemment faux. Mais l'ingénieur du son continue à gagner moitié moins que l'opérateur, et à trouver cette discrimination normale. Pour en revenir aux projectionnistes, il n'y a qu'à bien les payer, et ensuite, s'ils ne font pas bien leur travail, on pourra leur coller des amendes ! Bref, il suffit d'imaginer qu'il en va de même à tous les stades du cinéma et de faire l'addition : on obtient un tableau lamentable. Et quand je dis tous les stades, je n'exclus pas non plus les publications sur le cinéma : ainsi, dans *L'Avant-Scène*, où l'on tente de faire les choses très sérieusement, on visionne les films à la moritone avant de publier leur découpage. Seulement, le type qui visionne ignore parfois la différence entre travelling et panoramique, si bien que, quand vous lisez dans le découpage de *Citizen Kane :* travelling avant, et que vous connaissez bien le film, vous vous souvenez qu'en fait il s'agit d'un panoramique ! Pourtant, le travail est fait soigneusement. Simplement, les gens ne savent pas.

Il y a aussi un autre problème, pour parler de la diffusion, c'est celui des distributeurs. Tout simplement, ce sont des gens qui ne devraient pas exister. Le cinéma est né sans eux, il est né avec un metteur en scène et un opérateur. Qu'a fait Lumière ? Il est allé directement voir le patron du « Grand Café », et il lui a amené son film. Il se trouve que, depuis, la distribution est devenue un commerce. Les intermédiaires, les distributeurs donc, sont des gens paresseux, qui ne font rien, mais qui disent et se disent : nous sommes indispensables, on doit passer par nous. Ils sont nés et vivent de la paresse des autres, des exploitants qui ne veulent pas faire un pas en avant pour aller chercher le produit, des producteurs qui ne veulent pas faire un pas en avant pour l'apporter. A ce moment-là, ils ont besoin d'un troisième type qui, finalement, les roule. De toute façon, le seul mot d' « exploitant » est inquiétant, il faut donc un « exploité », le spectateur...

Cahiers. — Et à l'autre extrémité, il y a le CNC qui traumatise un peu les jeunes cinéastes, comme l'ONF l'a fait avec les Canadiens...

Godard. — Sauf que sur le principe, au moins, l'ONF est mieux. Le Centre, c'est le kapo, et en plus composé de gens qui ne connaissent pas le cinéma. Moins on fait de films en France, plus le nombre de fonctionnaires augmente au Centre. C'est un organisme politique nuisible à la fois à l'industrie et à l'esthétique du cinéma.

C'est aussi ce qui fait que, même en Russie, le cinéma est devenu ce qu'il est... C'est bien un cinéma d'État, mais au plus mauvais sens du terme, dans la mesure où il a été nationalisé sur les idées mais pas sur la forme, ne serait-ce que parce que les gens paient toujours pour y aller, que les films qui marchent en rendent possibles d'autres du même modèle, mais pas ceux qui ne marchent pas. Sans compter que là comme ailleurs, on importe ce qu'il y a de pire dans le cinéma occidental. A côté de cela, on interdit en Pologne le dernier film de Skolimowski, *Haut les mains !*

Si j'ai une définition à donner du cinéma, c'est celle-là : le cinéma est devenu l'agit-prop du capitalisme. Le virus par excellence. Et la preuve que c'est la meilleure propagande du capitalisme, c'est que personne ne s'en rend compte. Il n'y a qu'à regarder la liste des films que se projettent les chefs d'État. Seul Lénine fait exception.

Cahiers. — Vous dites pourtant qu'il faut continuer de faire des films.

Godard. — Bien sûr, et c'est là le drame. On veut faire des films différents, et on doit les faire avec des gens qu'on méprise et qu'on n'a pas envie de voir, au lieu de les faire avec ceux qu'on aime et qu'on voit. Toute l'infrastructure est pourrie, depuis le stade du laboratoire jusqu'à celui où le film arrive — quand il a la chance de le faire — devant les gens. Parfois, bien sûr, quelque chose bouge. Hyères, par exemple, c'est mieux que Cannes, ce n'est pas idéal, mais c'est mieux, et Montréal mieux que Venise. Il faut continuer à faire des pas en avant.

Un exemple intéressant est celui du cinéma canadien. L'ONF est une formidable usine de films, plus même qu'Hollywood aujourd'hui. Un bel objet. Résultat ? Rien, on ne voit rien, les films ne sortent pas. Une des premières choses à faire, pour Daniel Johnson, serait de nationaliser toutes les salles du Québec. Mais il ne le fera pas. Il ne peut qu'accueillir De Gaulle sur les écrans de la Metro. Là aussi, le cinéma est soumis à une certaine forme d'impérialisme qui règne partout. Nous qui tâchons de faire des films autrement, nous devons être la cinquième colonne qui essaie de démolir le système.

Cahiers. — *Un certain cinéma est déjà en dehors du système...*

Godard. — Oui, bien sûr. Bertolucci ne fait pas de cinéma américain, Resnais non plus, ni Straub, Rossellini ou Jerry Lewis. Mais cet autre cinéma, bon ou mauvais, représente 1/10 000 ou même 1/100 000 de ce qui se fait.

Cahiers. — *Mais y a-t-il encore vraiment un cinéma américain ?*

Godard. — Non, il n'y a plus de cinéma américain. Il y a un faux cinéma qui s'appelle américain et qui n'est que le triste masque de ce qu'il était.

Cahiers. — *Travailleriez-vous de nouveau avec une compagnie américaine ?*

Godard. — Je ne demande pas mieux, si c'est le moyen de faire des films. Ou si j'ai la possibilité de tourner un film cher, *Michael, chien de cirque,* par exemple, c'est-à-dire où l'argent va plus dans l'image que dans la poche des vedettes. Mais ce n'est pas en contradiction avec mes opinions sur l'Amérique et la politique impérialiste des grandes Compagnies. D'abord, parce qu'il y a Américains et Américains. Ensuite, parce qu'il faut, là aussi, constituer une cinquième colonne. Et donner aux compagnies américaines l'envie, l'idée de faire un *autre cinéma* : à l'occasion d'un succès, par exemple, on peut arriver à leur faire peu à peu changer de système. Mais c'est dur, car on se heurte physiquement à l'impérialisme à tous les niveaux de la production et de la distribution. Pourtant, il faut garder bon espoir, car les gens peuvent changer. Et puis, quelque chose se met à bouger en Amérique : on le voit chez les Noirs, ou dans l'opposition à la guerre du Vietnam. Côté cinéma, il y a les universités qui commencent à distribuer des films, qui sont des circuits formidables. De nouvelles compagnies se forment. J'ai vendu *La Chinoise* à Leacock. De toute façon, il n'y a pas que l'Amérique au monde, et si je mets dans le même sac les Américains et les Russes, c'est que leurs systèmes sont à peu près identiques. Ici comme là, les jeunes cinéastes sont brimés. En Amérique, c'en est au point qu'il n'y a plus de jeunes cinéastes. Tous les cinéastes américains que nous admirons sont entrés très jeunes dans le cinéma ; ils sont vieux maintenant, mais personne ne prend leur suite. Quand Hawks a commencé, il avait l'âge de Goldman, et Goldman est seul. Évidemment, à Hollywood, il continue d'arriver des jeunes, mais ils n'apportent pas l'équivalent des idées qu'Hawks, disons, apportait autrefois. Ils sont formés par des structures devenues décadentes et qu'ils n'ont pas osé dynamiter. Ils ne sont pas nés au cinéma librement. Ils ne sont pas nés non plus dans la misère, esthétique ou autre. Ce ne sont plus ni des chercheurs ni des poètes de l'aventure cinématographique. Tandis que tous ceux qui ont fait Hollywood étaient des poètes, des brigands presque, qui se sont emparés par la force d'Hollywood pour y dicter leur loi poétique. Le plus courageux actuellement, le seul qui s'en soit sorti, c'est Jerry Lewis. Il est le seul à faire, à Hollywood, autre chose, à ne pas entrer dans les catégories, les normes, les principes. C'est exactement ce que faisait Hitchcock pendant longtemps. Lewis est aujourd'hui le seul à faire des films courageux, et je

crois qu'il s'en rend parfaitement compte. Cela, il l'a pu
par son génie propre. Mais qui d'autre ? Nicholas Ray
est absolument typique de la situation du cinéma
américain : c'est ce qu'il y a de plus triste, tous ces
cinéastes qui n'ont pas tenu le coup, qui se sont saoulé la
gueule, et maintenant glandouillent à travers le monde.
La meilleure part du cinéma américain est devenue ce
qu'est devenu Nicholas Ray. Quant aux New-Yorkais,
leur cas non plus n'est guère encourageant ; ils sont déjà
enterrés, et ils veulent s'enterrer plus encore en faisant
de l' « underground cinema », sans raison valable.
Puisque les Russes n'aident pas Hanoï à bombarder
New York, pourquoi vivre sous terre ?

Il y aura d'autres grands cinéastes américains (il y a
déjà Goldman, Clarke, Cassavetes). Il faut les attendre,
les aider, les provoquer. Je vous ai parlé tout à l'heure
des universités, il se fait — ou commence à se faire là —
un cinéma, à un endroit où il n'y en avait pas du tout.
Voilà l'important. Le cinéma doit aller partout. Ce qu'il
faut, c'est faire la liste des endroits où il n'est pas encore
et se dire : il doit aller là. S'il n'est pas dans les usines, il
doit aller dans les usines. S'il n'est pas dans les
universités, il faut l'y amener. S'il n'est pas dans les
bordels, il doit aller dans les bordels. Le cinéma doit
quitter les endroits où il est et aller dans ceux où il n'est
pas.

*Cahiers. — Le cinéma a donc d'emblée, dans son
existence même, une dimension politique...*

Godard. — Toujours. Autrefois, cette dimension
politique était inconsciente, maintenant elle tend à
devenir consciente, ou disons qu'on cherche à connaître
le langage de cet inconscient.

Cahiers. — Lefebvre, avec Le Révolutionnaire, *a
voulu aussi faire œuvre de provocation morale, politique,
économique, esthétique... Trouvez-vous des rapports entre
son film et* La Chinoise ?

Godard. — Sans doute doit-il en exister, mais en même temps les deux démarches sont totalement différentes, et techniquement même, ces deux films sont le contraire l'un de l'autre. Le film de Lefebvre serait plus proche de *Brigitte et Brigitte*. Voilà un film révolutionnaire, et s'il ne l'est pas, je ne vois pas bien ce qui pourrait l'être. C'est à Moullet, et à d'autres comme lui, que l'on devrait confier les films que tournent actuellement des gens comme Quine, ou les films Gaumont. C'est Moullet qui devrait faire du cinéma « commercial ». Enfin, il y a tout de même un certain rajeunissement de la profession. C'est un fait que Duvivier tourne moins aujourd'hui que, par exemple, Serge Korber. Et il est — quand même — préférable que ce soit Korber et non Duvivier qui tourne les mauvais films. C'est une sorte de progrès. Mais le plus grand progrès, en France, c'est à travers des organismes comme les ciné-clubs qu'il peut être réalisé, de pair avec le travail de la Cinémathèque et de Henri Langlois. Jacques Robert, de la FFCC, fait aussi un très bon travail.

Ceux qui veulent faire du bon cinéma représentent, à l'intérieur du cinéma, l'équivalent du tiers monde : enfermés dans des contradictions totales, indépendants, mais recolonisés d'une autre manière, à partir du moment où ils sont pris à la gorge et obligés d'en passer par où ils ne voudraient pas, et conduits soit à la surenchère, soit à l'agenouillement.

Cahiers. — *Vous avez dit que les jeunes cinéastes devaient être une cinquième colonne. Comment voyez-vous la chose en France, à partir disons de l'exemple de Moullet ? Croyez-vous qu'il serait possible à d'autres cinéastes de se plier à sa méthode ?*

Godard. — Beaucoup sûrement le pourraient. C'est un effort qu'il faudrait faire. Du reste, certains le font. Et si ça ne vient pas de votre caractère propre, comme c'est le cas de Moullet, il faut alors que ça vienne d'une prise de conscience, à travers laquelle on aboutira à une méthode analogue. Du reste, je ne vois pas comment on pourrait faire autrement. Il faut bien se mettre une fois pour toutes dans la tête qu'on ne fait jamais le film qu'on veut. Déjà, bien que pour d'autres raisons, les peintres et les écrivains font rarement le livre ou le tableau qu'ils voudraient. Et au cinéma encore moins. Pour des raisons purement techniques ou économiques, alors que, pour les autres, il s'agit de raisons abstraites. Au fond, ce sont les mêmes, mais qui dans le cinéma se sont concrétisées physiquement.

Cahiers. — Pour vous, et pour ceux qui ont débuté en même temps que vous, la démarche a été inverse : vous êtes d'abord partis d'idées générales sur le cinéma, et vous avez peu à peu découvert les problèmes pratiques.

Godard. — Suivant les cas et les pays, on aborde le cinéma de différentes manières. En France, on n'avait jamais réfléchi sur le cinéma. Un jour sont arrivés des gens qui ont dit : il faut réfléchir, parce que le cinéma est quelque chose de sérieux. De même, il fallait dire que les œuvres existent. Je pense maintenant que les œuvres n'existent pas — c'est à quoi on arrive au terme d'une réflexion un peu plus profonde sur l'art. Une œuvre n'existe pas, même si elle est enfermée dans une boîte ou imprimée sur du papier, au même titre qu'un être ou qu'un objet. Il n'en reste pas moins qu'à l'époque, c'était la première démarche à accomplir : faire prendre conscience aux gens de l'existence de l'œuvre, quitte à leur dire maintenant, justement, de pousser leur réflexion plus loin. De même, je dirai qu'il n'y a pas d'auteur. Mais pour que les gens comprennent dans quel sens on peut dire cela, il faut d'abord leur dire pendant cent ans qu'il y a des auteurs. Car la manière dont ils pensaient qu'il n'y avait pas d'auteur n'était pas la bonne. C'est une question de tactique.

Cahiers. — Que pensez-vous d'un projet de Lelouch dont on a un moment parlé : créer une sorte de centre où un jury examinerait des scénarios, puis en choisirait un, ferait tourner cinq minutes par le cinéaste, et, si le résultat lui paraît bon, produirait le film entier ?

Godard. — Pourquoi cinq minutes ? Non, il faut produire le film en entier ou pas. C'est comme si on faisait cinq minutes d'un enfant, et qu'on juge, d'après la forme du bras, s'il a ou non le droit de vivre. On ferait passer un examen pour le droit à la vie... Que ce soit Bénazéraf ou Eisenstein, il faut produire le film tout entier.

Cahiers. — Vous avez produit le film d'Eustache, vous allez produire celui de Bitsch. Est-ce que pour vous aujourd'hui, produire des films est devenu quelque chose d'important ?

Godard. — Ça fait partie du cinéma, et produire, c'est aussi sortir du monde où on est. Voir des gens, voir du monde aux deux sens du terme. Dialoguer.

Si j'avais plus d'argent, je produirais bien davantage. Par exemple pendant deux ans, et puis je tournerais un film pour changer. Dans l'état actuel des choses, je dois, si je veux produire, trouver des gens pour partager les charges.

Cahiers. — Le feriez-vous sur scénario ?

Godard. — Pourquoi pas ? Le film de Bitsch, *Le Dernier Homme*, je le produis comme ça. Je ne l'ai même pour ainsi dire pas lu. Je trouve que l'idée est bonne, et ça me suffit. Si je n'ai pas lu le scénario en détail, c'est que je n'arrive pas à le faire. De toute façon, inutile de le lire. C'est comme un acteur. Pourquoi faire des essais ? L'essai, c'est de parler avec lui. Si après ça, vous ne savez pas à qui vous avez affaire, alors vous ne le saurez jamais. Un scénario n'est qu'une pièce à conviction. On peut le lire si on aime ça, mais ce n'est pas indispensable.

Cahiers. — *N'êtes-vous pas de plus en plus influencé par le théâtre ?*

Godard. — Il faut faire du théâtre au cinéma, mêler les choses. Et partout. Même et surtout dans les festivals. Qu'à Venise, le festival du cinéma ne se déroule pas en même temps que celui de musique ou de théâtre, je trouve cela grotesque. On devrait avoir un soir de la musique, un soir du cinéma, etc. Vous vous souvenez de ces soirées, à Pesaro, où après avoir vu un film, on allait écouter du jazz. On a passé un bon moment.

Cahiers. — *Là, on met en cause un des grands tabous du public, le mélange des genres, et on se rend compte du mal qu'ont pu faire certains théoriciens du cinéma d'il y a trente ou cinquante ans, décrétant que cela était du théâtre et pas du cinéma, etc.*

Godard. — Beaucoup de cinéastes ont maintenant envie de parler de théâtre : Rivette dans *L'Amour fou,* Bertolucci et bien d'autres. *Persona, Blow up* et *Belle de jour* ont aussi quelque chose à voir avec, et *Shakespeare Wallah,* qui est un très beau film...

C'est sans doute que les gens trop enfermés dans leur mode d'expression ont envie d'en sortir un peu (je ne dis pas cela pour Bergman, bien sûr, qui a fait du théâtre toute sa vie, et plus même que du cinéma).

Moi aussi, depuis longtemps, j'ai envie de faire un film didactique sur le théâtre, à propos de *Pour Lucrèce.* On verrait la fille qui jouerait Lucrèce descendant d'un taxi pour se rendre à une répétition, ou même pas une répétition, pour passer une audition. Ensuite, on avancerait dans la pièce, en montrant, au fur et à mesure, soit une audition, soit une répétition, soit une scène vraiment jouée. Et à certains moments, on aurait la critique de la pièce. Certaines scènes seraient jouées plusieurs fois, pour des raisons d'acteurs ou de mise en scène. Elles pourraient l'être par des acteurs différents que l'on essaierait à tour de rôle : Moreau, Bardot, Karina, etc. Et le metteur en scène, avec sa troupe, passerait en revue les sept ou huit grandes théories sur le théâtre : d'Aristote aux trois unités, de la préface de *Cromwell* à *La Naissance de la tragédie* jusqu'à Brecht et Stanislawski, mais en continuant toujours d'avancer dans la pièce. A la fin, on verrait mourir celle qu'on a vu arriver, puisque c'est la mort de Lucrèce. Ce serait le dernier plan : on serait alors dans la fiction. Un tel film serait aussi destiné à apprendre aux spectateurs ce qu'est le théâtre.

Les « lectures », par exemple, c'est extraordinaire. Finalement, je crois que ce qu'il y a de plus extraordinaire à filmer, ce sont des gens qui lisent. Pourquoi aucun cinéaste ne le fait-il ? Filmer quelqu'un en train de lire, ce serait déjà beaucoup plus intéressant que la majorité des films qui se font. Pourquoi le cinéma ne serait-ce pas simplement filmer des gens en train de lire de beaux livres ? Et pourquoi ne verrait-on pas ça à la télévision, maintenant surtout qu'on ne lit plus du tout ? Et ceux qui savent raconter, inventer, comme Polanski, Giono, Doniol, inventeraient et raconteraient devant la caméra. On les écouterait, parce que quand quelqu'un raconte une histoire, et si elle plaît, on l'écoute pendant des heures... Le cinéma reprendrait ainsi la tradition et la fonction du conteur oriental. On a perdu énormément le jour où on a cessé de s'intéresser aux conteurs. Mais l'idéologie qui définit ce que « doit » être le spectacle est si forte, si ancrée, que les spectateurs de cinéma, même passionnés par l'histoire qu'on leur aurait racontée au Gaumont-Palace ou à l'Ambassade, eh bien, à la sortie, ils seraient fous furieux, s'ils savaient qu'on s'est foutus d'eux, qu'on a volé leur fric !

Cahiers. — Ce que vous dites ne remet d'ailleurs pas en question la notion de spectacle...

Godard. — Évidemment non. Quand on regarde quelque chose, c'est toujours un spectacle, même un mur. J'ai envie de faire un film sur un mur. On regarde un mur, et puis on finit par y voir des choses...

Cahiers. — *On a l'impression, dans votre sketch* Anticipation, *qu'il y a une certaine volonté de destruction de l'image elle-même, en tant que support réaliste...*

Godard. — Ce qui était embêtant, c'est que l'on reconnaissait trop les acteurs. Mais au départ, je n'avais pas d'idée de ce genre. Puis, j'ai pensé à donner au film un côté — disons biologique, comme du plasma en mouvement. Mais du plasma qui parlerait.

Cahiers. — *Ce faisant, vous touchiez à quelque chose de quasi sacré : l'image cinématographique précise, nette, pleine.*

Godard. — Mais l'image reste image, à partir du moment où elle est projetée. En fait, je ne détruis rien du tout. Ou plutôt, je ne détruis qu'une certaine idée de l'image, une certaine façon de concevoir ce qu'elle doit être. Mais je n'ai jamais pensé cela en termes de destruction... Ce que je voulais, c'est passer *à l'intérieur* de l'image, puisque la plupart des films sont faits *à l'extérieur* de l'image. L'image en soi, c'est quoi ? Un reflet. Un reflet sur une vitre, est-ce que ça a une épaisseur ? Or, d'habitude au cinéma, on reste en dehors de ce reflet, extérieur à lui. Ce que je voulais, c'était voir l'envers de l'image, la voir par-derrière, comme si l'on était derrière l'écran et non devant. Au lieu d'être derrière le véritable écran, on était derrière l'image et devant l'écran. Ou plutôt : à l'intérieur de l'image. De même que certaines peintures donnent l'impression qu'on est à l'intérieur d'elles. Ou donnent l'impression que tant qu'on reste à l'extérieur, on ne les comprend pas. Dans *Le Désert rouge,* j'avais l'impression que les couleurs étaient non pas devant, mais *dans* la caméra. Au contraire du *Mépris,* où les couleurs sont devant la caméra. On a vraiment la sensation que c'est la caméra qui a fabriqué *Le Désert rouge*. Pour *Le Mépris*, il y avait d'une part la machine, de l'autre les objets, qui se trouvaient hors d'elle. Mais je crois que je ne sais pas *fabriquer* un film de la sorte. Sauf que, peut-être, je commence à en avoir la tentation. Une tentation dont *Made in USA* a été la première manifestation. C'est pourquoi il n'a pas été compris : les spectateurs le jugeaient comme un film en représentation, alors que c'était autre chose. Évidemment, ils étaient paumés, parce qu'ils tentaient de suivre une représentation, ils tentaient de comprendre ce qui se passait : en fait, ils comprenaient très facilement mais sans savoir qu'ils comprenaient et en pensant au contraire qu'ils ne comprenaient rien. Ce qui m'a frappé, par exemple, c'est que Demy aime beaucoup *Made in USA*. Et j'avais toujours pensé que c'était un film « chanté », par rapport à *La Chinoise* qui est un film « parlé » ! Le film auquel *Made in USA* ressemble le plus, c'est *Les Parapluies de Cherbourg*. Les gens n'y chantent pas, mais le film oui.

Cahiers. — *A propos d'interférences, n'en voyez-vous pas entre* Persona *et vos récents films ?*

Godard. — Non, je ne crois pas. De toute façon, je crois que Bergman n'aime pas beaucoup mes films. Je ne crois pas du tout qu'il prenne la moindre chose à moi ou à d'autres. Et après *A travers le miroir*, *Les Communiants* et *Le Silence*, il ne pouvait guère faire autre chose que *Persona*.

Cahiers. — *Il y a, dans* Persona, *plus d'audaces stylistiques par rapport à ses films précédents, comme le redoublement du texte…*

Godard. — Non, je crois que le plan du récit est esthétiquement la suite ou l'approfondissement du long plan d'Ingrid Thulin dans *Les Communiants*, celui où elle se confesse. Mais dans *Persona*, cela frappe davantage, c'est presque de l'agressivité formelle. Ça frappe en tant que procédé, et à ce point même que, quand on voit ça, on est tenté de se dire : c'est tellement beau qu'il faut que j'emploie ça dans un prochain film.

C'est ainsi que le premier plan de mon prochain film m'est venu d'une revision de *Persona*. Je me suis dit : il faut faire un plan immobile de gens qui parlent de leur sexe. Mais, en un sens, ça me rappelle le premier plan de *Vivre sa vie* — où je suis resté derrière le couple, mais où j'aurais pu passer devant. C'est aussi un peu ce qui correspond chez moi aux interviews. Avec Bergman, c'est très différent, mais finalement on en revient toujours à cette volonté de rendre un dialogue.

Et on rejoint aussi Beckett. J'ai eu un moment l'intention de filmer *Ah ! les beaux jours*. Ça ne s'est pas fait, car on voulait que je prenne Madeleine Renaud et moi je voulais des jeunes. J'aurais aimé cela, car j'avais un texte, et il n'y avait plus rien à faire que le filmer. J'aurais fait juste un travelling. Un travelling qui partait de loin et qui finissait en gros plan. On serait parti d'aussi loin qu'il aurait fallu pour, au bout d'une heure et demie, arriver en gros plan au moment de la dernière phrase du texte. C'était donc purement une question d'arithmétique de classe de 4e, basée sur un petit calcul de vitesse et de temps.

Cahiers. — *Mais comment comprenez-vous tout ce qui dans* Persona *rappelle au spectateur qu'il s'agit d'un film ?*

Godard. — Je n'ai rien compris à *Persona*. Absolument rien. J'ai bien regardé le film, et j'ai vu la chose de cette façon : c'est Bibi Anderson qui est malade et c'est l'autre qui est son infirmière. Finalement, je crois toujours au « réalisme ». Ainsi, au moment où le mari croit reconnaître sa femme, pour moi, puisqu'il l'a reconnue, c'est bien elle. Mais si on ne se basait pas sur le réalisme, on ne pourrait plus rien faire, et dans la rue on n'oserait même plus monter dans un taxi — en admettant qu'on se soit même risqué à sortir. Mais je crois tout. Il n'y a pas deux parts, celle du « réel » et celle du « rêve », il n'y en a qu'une. *Belle de jour*, c'est magnifique. Et à certains moments, c'est comme dans *Persona* : on se dit, bon, à partir de maintenant, je vais suivre bien les choses pour savoir exactement où on en est. Et puis il y a tout à coup... on se dit merde ! ça y est !... et on s'aperçoit qu'on est passé de l'autre côté.

C'est comme si on ne voulait pas s'endormir pour ne pas dormir au moment où on s'endort. C'est le problème que posent ces deux films.

Maintenant et depuis longtemps, Bergman en est arrivé à un stade où le film est créé par la caméra, en supprimant tout ce qui n'est pas l'image. Ce serait là un des axiomes dont on devrait partir pour faire du montage plutôt que de partir de choses comme « il faut assembler les morceaux correctement, en fonction de telles ou telles règles ». On devrait dire : il faut supprimer tout ce qui peut être dit. Quitte à renverser l'axiome pour appliquer ensuite l'autre principe : il faut ne garder que ce qui est dit — ce que fait Straub, par exemple. Dans *La Chinoise*, on a gardé plutôt ce qui est dit. Mais le résultat est fondamentalement différents de Straub, puisque ce ne sont pas les mêmes choses qui sont dites. Buñuel, lui, a supprimé tout ce qui était dit, puisque même ce qui est dit est vu. Et il y a une liberté extraordinaire dans ce film, on a l'impression que Buñuel joue du cinéma comme Bach devait jouer de l'orgue à la fin de sa vie.

Cahiers. — *Que pensez-vous du système théâtral de « porte à porte » qu'adopte Léaud à la fin de* La Chinoise ?

Godard. — Je crois que ce n'est pas très clairement compris par les gens, sans doute n'est-ce pas assez explicite. En fait, il n'est pas tout seul en question, ce n'est pas une solution individualiste. Dans mon idée, il aurait fallu le montrer avec d'autres, l'un aurait gratté de la guitare, un autre chanté ou dessiné, ce que font les beatniks à la terrasse des cafés, mais en tant que communistes cette fois. Ils auraient fait un véritable travail, en adaptant leur texte à chaque situation donnée, passant de Racine à Sophocle ou n'importe quel autre. Ils auraient dû être plusieurs, parfois ils auraient été coincés sur la réponse à donner, et ils se seraient mis à discuter pour savoir laquelle était bonne. En parler même avec la personne en face d'eux, engager un vrai dialogue.

Au lieu de réciter des textes de théâtre, ils auraient pu aussi bien d'ailleurs dire du Platon. Il ne faut pas de limitation, tout est théâtre, tout est cinéma, tout est science et littérature... Et si on mêlait un peu plus les choses, ça irait mieux. Par exemple, à l'Université, les cours pourraient être dits par des acteurs, puisque les professeurs parlent toujours comme des sagouins. Ensuite, on en profiterait pour étudier comment dire un texte et le lire. Et ce ne serait pas seulement le résultat de la sixième *Méditation* de Descartes qui serait important et qu'on discuterait aux examens, mais le *temps* qu'elle dure, son mouvement, donc le *vécu* de Descartes. Je ne dis pas que ce travail soit le seul, mais enfin puisque des milliers de choses sont à changer, autant en tenter une ou deux, et ne pas décréter arbitrairement que cela est bon ou mauvais, définitivement.

Cahiers. — Pensez-vous que les acteurs devraient, comme les cinéastes ou les techniciens, étudier davantage, ou s'entraîner...

Godard. — S'entraîner, certainement. Comme faisaient autrefois les acteurs américains. Si je faisais un cours à l'usage des acteurs, je ne leur donnerais à faire que des exercices physiques ou intellectuels : « Maintenant, vous allez faire un peu d'équilibre ; ou vous allez écouter un disque pendant une heure... » Les acteurs sont bourrés de préjugés quant aux domaines du physique et de l'intellect. Par exemple, dans *Deux ou trois choses*, Marina Vlady m'a dit un jour : « Qu'est-ce que je dois faire ? Tu ne me dis jamais rien. » Je lui ai répondu (elle habite Montfort-l'Amaury) : « Au lieu de prendre un taxi pour venir au tournage, tu n'as qu'à venir à pied. Si tu veux vraiment bien jouer, c'est la meilleure chose à faire. » Elle a cru que je me foutais d'elle et ne l'a pas fait. Je lui en ai toujours voulu pour ça, et, du reste, je lui en veux encore un peu. Peut-être l'aurait-elle fait si je lui avais donné des explications. Mais elle l'aurait fait une fois, et, le lendemain, elle aurait voulu que je trouve autre chose. Ce n'était donc pas la peine de lui expliquer. Tout ce que je voulais, c'est qu'elle pense à ce qu'elle disait. Mais penser ne veut pas forcément dire réfléchir. Je voulais qu'elle pense *ce* qu'elle disait, tout bêtement. Si elle devait poser une tasse sur une table, qu'elle ait dans sa tête l'image d'une tasse et d'une table en bois. Or, ce simple exercice de venir chaque jour à pied au tournage l'aurait fait agir et parler d'une certaine façon qui pour moi était la bonne. Ce que je lui demandais était beaucoup plus important qu'elle ne croyait, car, pour arriver à penser, il faut faire des choses très simples qui vous mettent en bonne condition. On sait que les danseurs ne peuvent danser s'ils ne s'entraînent pas chaque jour à lever la jambe. Mais cette nécessité de « l'entraînement » disparaît déjà pour les acteurs de théâtre. Et les acteurs de cinéma n'ont plus aucune idée de ce que devrait être cet entraînement. Ils se disent : puisque nous n'avons pas à lever la jambe, inutile de s'entraîner. Pour Jean-Pierre Léaud, je lui ai demandé, avant *La Chinoise*, de manger : je lui ai donné de l'argent pour cela, avec interdiction de le

dépenser chez Langlois, pour qu'il aille manger calmement, pendant une heure et demie, chaque jour, sans
lire de journal et sans rien faire d'autre que manger
dans un restaurant normal un repas normal : c'est ce
dont il avait besoin pour *La Chinoise*. Ce genre
d'exercices, c'est un peu du yoga à l'envers. Ce que les
surréalistes appelaient des « exercices pratiques ». Il en
faut dans tous les domaines, et pour tous les cas. Les
acteurs ne pensent jamais au fait qu'ils sont payés pour
huit heures de travail par jour. Exactement comme un
ouvrier. Seulement, l'ouvrier, une fois qu'il est entré
dans l'usine, il travaille vraiment ses huit heures, sans
tricherie. L'acteur, lui, comme beaucoup de travailleurs des professions libérales, s'évade souvent de son
travail et ne travaille pas huit heures par jour, d'abord
parce qu'on ne tourne pas sans arrêt huit heures par
jour. Tout ce que je lui demande, moi, c'est de
travailler davantage *entre* les prises, et moins *pendant*.
Car s'il a travaillé avant la prise, je sais que ça ira. Et
travailler pendant ne sert à rien. Seulement, cela, c'est
ce qu'il y a de plus difficile à obtenir des acteurs. Cela
dit, sur *La Chinoise*, ils se sont bien débrouillés, tous :
ils formaient un petit groupe qui s'entendait bien, et,
ensemble, ils effectuaient une certaine forme de travail
qui les maintenait en état de tourner. Ça allait mieux
que sur *Masculin-féminin*. Il est évident que tout ce que
je viens de dire concerne aussi bien les acteurs
professionnels que les autres. Ni les uns ni les autres,
de toute façon, ne sont disposés à se plier à un certain
entraînement. Anna Karina, de ce point de vue, était
comme les autres. Je lui ai souvent dit : « Tout ce
que je te demande, c'est de lire chaque matin, calmement, à haute voix, l'éditorial du *Figaro* ou celui
de *L'Humanité*. C'était aussi simple et aussi utile, je
crois, que de demander à un chanteur de faire ses
vocalises. Mais elle non plus n'a pas compris. Alors

que ce genre de détails a une influence directe sur la façon de jouer. C'est l'équivalent exact de la marche pour l'athlète ou des gammes pour le pianiste, de l'assouplissement pour l'acrobate. Mais le gros problème des acteurs de cinéma c'est qu'ils sont souvent très orgueilleux. Alors, il faut leur apprendre l'humilité, de même qu'il faut apprendre l'orgueil à qui est trop humble. Comme dit Bresson : « donner et recevoir ». Et, de ce point de vue, je ne vois aucune différence entre professionnels et non-professionnels.

Il y a partout des gens intéressants. Mais Bresson parle des acteurs comme les Russes des Chinois. Je lui disais : « Ils ont des yeux, une bouche, un cœur… » Il disait : « Non ! » Si j'avais dit : « Mais Jouvet, quand il était encore dans le ventre de sa mère… », il m'aurait répondu : « Oh ! vous savez, la prédestination… »

Cahiers. — Avec ces exercices que vous préconisez, un problème est posé, plus vaste : celui de l'éducation. Par exemple, dans La Chinoise, les personnages sont issus de la bourgeoisie : elle leur a donné une éducation qu'ils remettent en cause…

Godard. — En fait, tout procède de la façon dont ils ont appris leur savoir : leur éducation est une éducation de classe. Ils se comportent en fonction de leur classe, comme des gens de leur classe. Tout cela, d'ailleurs, est dit dans le film. A propos de l'éducation de classe que nous avons en France, j'ai précisément là quelques lignes que j'ai découpées l'autre jour dans un journal et que j'ai mises de côté, parce que j'ai envie de faire un film sur l'*Émile* de Rousseau. C'est Missoffe — notre ministre de la Jeunesse — qui a écrit cela dans son *Livre blanc* : « L'école traduira les rapports de la société en organisant la formation longue et abstraite des enfants destinés essentiellement par leur origine familiale à occuper les plus hauts postes de direction et d'administration de la société. Ensuite, par une formation plus courte et plus simplifiée, à l'usage des enfants d'ouvriers et de paysans, dont l'entrée dans le monde de la profession paraît n'exiger qu'une formation limitée. » Sans commentaire.

Cahiers. — Que sera votre Émile *?*

Godard. — Un film moderne : l'histoire d'un jeune garçon qui refuse d'aller au lycée parce que sa classe est toujours pleine, et qui se met à apprendre au-dehors, qui regarde les gens, va au cinéma, lit, écoute la radio ou regarde la télévision...

L'éducation, comme le cinéma, est une somme immense de techniques à reprendre et corriger. Tout est à reprendre. Que va-t-il arriver au fils d'ouvrier qui veut étudier ? Il va tout de suite être coincé par des problèmes d'argent. On en revient au cas du tiers monde. Le système des bourses est lui-même profondément immoral. Ce sont les méritants qui doivent en bénéficier. Mais qu'appelle-t-on « méritants », qui sont-ils ? Ce sont — puisque dans les facultés on fait maintenant l'appel comme dans les casernes, et que celui qui ne répond pas à l'appel n'a pas le droit de passer son examen —, ce sont ceux qui sont toujours présents, assidus, et donc qui en ont les moyens, ne sont pas obligés de travailler en même temps pour payer leurs études. Même si ceux qui suivent tous les cours n'en apprennent pas forcément plus que ceux qui en ratent la plupart ! Et puis, on ne sait donner aux gens ni le goût ni le temps d'apprendre. Et les professeurs sont mal payés ! Je ne dis pas que ce problème soit simple, mais il y a trop de choses inadmissibles dès le départ.

Cahiers. — Mais croyez-vous que ce soit un problème sans solution ?

Godard. — Ah non ! Parce que tout de même, ni en Amérique, ni en Russie, ni en Albanie, ça ne se passe comme en France. D'abord, les crédits alloués à l'Éducation y sont bien supérieurs. Et, en France, cette restriction des crédits résulte d'une politique délibérée, consciente : je vous renvoie à Missoffe. Et à de Gaulle : ce qu'il vient de dire aux Canadiens : « Vous avez le droit de former vos élites... » Toute la mentalité gouvernementale est là, de Gaulle a bien choisi de ne pas dire : « Vous avez le droit de former davantage de professeurs, de chercheurs... » Non : « les élites » ! Seulement, les élites, elles sont déjà formées. Il n'est pas du tout nécessaire que le Québec soit libre pour former les élites canadiennes.

Cahiers. — Dans les pays de l'Est, les possibilités d'accéder à l'instruction sont très grandes, mais en même temps il y a formation d'un domaine réservé aux élites : un garçon de trente ans qui est manuel ne peut absolument pas espérer faire un jour du cinéma : il faut passer par l'École de cinéma.

Godard. — Le travail du manuel et celui de l'intellectuel sont différents quantitativement mais pas qualitativement. Nous n'avons jamais été mis sur le même pied, et c'est pourquoi nous ne pouvons rien dire ou faire en commun. Un ouvrier, encore une fois, ne pourra rien m'apprendre, et moi non plus. Ça devrait être exactement le contraire : je devrais avoir beaucoup à apprendre de lui et lui de moi, plutôt que chacun d'entre nous de nos confrères. C'est pourquoi certains — les Chinois, disons, ou certains Chinois — veulent changer cela. Et cet espoir de changement n'est pas utopique si l'on veut bien ne pas tabler sur quelques années, mais sur quelques siècles. Les civilisations durent longtemps. Pourquoi voudrait-on que la civilisation nouvelle qui a commencé avec le communisme il y a seulement un siècle et demi soit tout à coup achevée ? Cela prendra peut-être mille ans, ou deux mille.

Cahiers. — La dernière révolution culturelle date en effet de deux mille ans : c'était la Révolution chrétienne.

Godard. — Elle ne commence à finir que maintenant, et elle n'a produit que des réactionnaires. Les industries de l'image et du son sont encore ses plus fidèles mercenaires. — (Entretien réalisé par Jacques Bontemps, Jean-Louis Comolli, Michel Delahaye et Jean Narboni, *Cahiers du cinéma* n° 194, octobre 1967).

DEUX HEURES AVEC JEAN-LUC GODARD

Les films de Mai partent d'un autre point de vue que les films commerciaux. Ils font partie du travail politique d'un individu. Ils ne sont pas vus comme un spectacle et ils ne peuvent donc pas être jugés comme tel. Bien qu'ils doivent être le mieux possible ; mais ce mieux possible est encore inconnu, il se dégagera peu à peu. Il y avait un travail d'information à faire : montrer des images et des paroles qui n'étaient pas montrées. Le faire fait partie du travail de résistance à l'information gaulliste.

Mais c'est difficile de faire des films, neuf ou six mois après Mai. Et pour l'instant on n'a fait que des films sur Mai. Ils sont intéressants de la même manière que, dix ans après, un film sur Castro dans la sierra Maestra.

Les ciné-tracts, c'est une idée de Chris Marker. Le magnétoscope et tous ces petits films, c'était un moyen simple et peu cher de faire du cinéma politique, pour une section d'entreprise ou un comité d'action, puisque la bobine coûte 50 francs tout compris. Et surtout l'intérêt est moins la diffusion que la fabrication. Ça a un intérêt local de travailler ensemble et de discuter. Ça fait progresser. Et puis la diffusion peut se faire dans les appartements, les réunions. On peut les échanger avec d'autres films de comités d'action voisins. Ça permet de repenser à un niveau très simple et très concret le cinéma. Cette fabrication peut faire comprendre aux gens qui font du cinéma qu'il faut travailler avec les gens qui n'en font pas, et comme la fabrication est extrêmement simple, les gens qui n'en font pas comprennent que les problèmes de cinéma sont simples en fait, et qu'ils ne sont compliqués que parce que la situation politique les complique. Les films doivent être faits par des groupes sur une idée politique. Car de la même manière que les cours, on les réécrit avec les lycéens, de la même manière, je crois qu'il faut faire les films avec ceux qui les voient.

Il faut réapprendre le langage, savoir quel est ce langage qui a été bâillonné, brimé. Par exemple, des images de gens au travail, on n'en trouve pas. Si on veut trouver des journaux où il y ait des photos de gens dans des usines, dans des bureaux, dans des champs, il n'y a que *Granma* ou les journaux chinois. Même les Russes en montrent beaucoup moins, et quand ils en montrent, c'est toujours stéréotypé ; une scène dans une usine russe, c'est comme chez nous dans une agence de publicité.

En France, si vous cherchez pour illustrer un article un ouvrier qui travaille à la chaîne, vous ne le trouvez pas, alors que vous trouvez dix mille images de Killy au volant d'une Matra. Mais l'ouvrier qui est à la chaîne chez Matra, vous ne le verrez jamais. Le fait déjà qu'on n'ait pas le droit d'avoir des images de son travail, qu'il faille des autorisations pour tourner dans son usine, indique bien l'état de répression policière qui s'exerce sur les images. Si on veut par exemple filmer une image de l'EDF, il faut demander des autorisations et si n'importe qui se présente pour filmer dans une usine, s'il ne se fait pas vider par le patron, il se fera vider par la CGT.

Regardez aux informations de la télé ce que c'est que la vie française. Quand vous voyez le Conseil des ministres, vous ne voyez pas les ministres qui parlent, qui discutent, vous voyez des gens qui sortent de voitures et qui serrent des mains.

Un peintre me disait que l'art populaire, ce n'est pas ce qui est au Louvre, ni même le parc, ce sont les peintres du dimanche. Il faut partir de ces peintres du dimanche qui font de la mauvaise peinture populaire, mais c'est de là qu'il faut repartir. C'est un travail politique. Il faut partir des milliers de cellules de cinéastes amateurs, les lier aux comités d'action.

Aujourd'hui, on a une chance de pouvoir faire des images plus facilement et moins chères qu'avant, car pour gagner encore plus d'argent le capitalisme a eu besoin d'inventer le cinéma amateur, les professionnels ne rapportant plus assez d'argent. Mais ils hésitent, car ils se rendent compte que si par exemple on fabrique une toute petite caméra, le type qui est à la chaîne peut faire, comme ça, un plan et le montrer chez lui le soir. Alors, ça les embête. La preuve, c'est qu'ils n'ont pas droit au noir et blanc, le 8 mm n'est qu'en couleur ; parce que, qui dit noir et blanc, dit plus sensible, et donc pouvoir de tourner chez soi. Alors que tout ce qu'ils peuvent filmer avec la couleur, c'est quand ils sont au bord de la mer et qu'il fait soleil. Mais les professionnels, eux, qui sont de connivence avec l'État, qui sont surveillés par l'État, ils ont le droit d'aller dans les métros munis de bonnes autorisations... Et les minicassettes, ça pourrait coûter pas cher, et c'est vendu 20 000 francs et 46 000 si c'est enregistreur. Alors pour quelqu'un qui gagne 80 000 par mois, c'est difficile. Et là le révisionnisme et l'impérialisme sont d'accord pour empêcher que l'information soit faite à la base.

Le capitalisme impose l'idée de caméra-jouet. Alors,

quand le délégué syndical est en vacances sur la
Méditerranée, il n'essaie pas de faire quelque chose qui
analyse le fonctionnement du Club Méditerranée par
exemple. Ce qui d'ailleurs peut être fait en se baignant,
en dansant, en s'amusant. Mais non, il subit l'idéologie
dominante qui s'exerce sur lui. Pourtant c'est de ce
cinéma amateur que les cinéastes révolutionnaires
doivent partir, en le déviant. Mais le scientifique du
cinéma doit rester modeste, n'être pas théorique,
agressif. Ils doivent travailler ensemble.

Le plus difficile pour un ouvrier, c'est de parler. Ce
n'est pas qu'il ne sait pas parler, mais parce qu'on lui
interdit de parler pendant huit heures par jour. Dans
son usine il n'a pas le droit de parler, de chanter. Alors,
forcément quand un type n'a pas vu la lumière pendant
des heures, il cligne des yeux en voyant la lumière.
C'est pourtant avec des gens comme ceux-là qu'il faut
faire du cinéma. Parce que la parole emprisonnée est
tout aussi importante que les autres.

C'est simple pour les cinéastes, sauf qu'ils ne veulent
pas, et qu'ils n'ont pas d'idées. Et puis, ils croient qu'il
suffit de s'engager politiquement en dehors du cinéma.
Ce qui me sidère de la part des cinéastes, c'est que
faisant toujours la même chose, n'ayant plus d'idées,
comment ils ne comprennent pas, même non politiquement, même artistiquement puisqu'ils séparent ces
deux choses, comment ils ne se rendent pas compte
qu'il y a tout un monde du langage qui est en dehors
d'eux, et qu'ils fonctionnent toujours à travers le même
langage, qu'ils ne font qu'améliorer, rafistoler. Demy
fait un film meilleur que De Funès. Mais il n'est pas
très différent. Il est de meilleur goût. Mais finalement,
un meilleur film serait fait en prenant un film de De
Funès et en refaisant les dialogues, comme les situa-
tionnistes refont les bulles des bandes dessinées.
Chaque fois que je vais dans un pays du tiers monde,

c'est ce que je leur dis : ne refusez pas les films qui ne vous plaisent pas, refaites-les ; c'est tellement simple une image ; un film n'est rien du tout ; il est ce que vous en faites.

Il n'y a jamais eu de film révolutionnaire dans le Système. Il ne peut y en avoir. Il faut s'installer en marge, en essayant de profiter des contradictions du Système pour survivre hors du Système. On peut aussi profiter du Système en essayant de le radicaliser s'il est réformiste, comme un étudiant d'un CA peut discuter avec un étudiant réformiste pour le radicaliser. Dans le spectacle, le réformisme ou Edgar Faure, c'est Demy. Et puis il y a les films CDR, De Funès et compagnie.

Le gai Savoir est un film réformiste, mais qui contient des leçons révolutionnaires, des méthodes, des idées que les gens n'avaient pas. Ça correspond dans les arts à « comment avec un vélo transporter beaucoup de riz » ; alors qu'avec un vélo Anquetil ne saurait pas transporter trois sacs de riz, n'importe quel Vietnamien peut porter dix sacs. C'était ça *Le gai Savoir*. Après Mai, je me suis aperçu qu'au lieu de contester radicalement les structures cartésiennes, il obéissait à la plupart. Il était universitaire. C'était du Touraine ou du Lefèbvre. Mais il y avait des idées qui pouvaient être utilisées par les révolutionnaires. Alors que *Un film comme les autres* est peut-être plus révolutionnaire, mais il n'a pas été pensé juste, il a été pensé tout seul. Alors il n'a que des applications réformistes. C'est un film sur la parole. Il fallait montrer cette parole qui est souvent prisonnière entre étudiants et ouvriers quand ils sont ensemble, et qui a été libérée ; et des tas d'autres paroles. Il y avait aussi une tentative, par le commentaire, de récrire avec les phrases des autres, depuis Lénine jusqu'à la Commune, un commentaire de la situation de Mai.

La Chinoise ? Je ne vois pas l'intérêt d'avoir été

prophétique. *La Chinoise,* c'était un film réformiste. Il montre mes défauts. Il prouve que je n'ai pas su m'allier avec les gens qu'il fallait et que j'ai préféré travailler seul en poète, en disant : ils ne comprennent pas, mais faisons-le quand même. Et puis, il montre aussi leurs défauts puisqu'ils voyaient un certain spectacle sur l'écran, comme si ce qu'il y a sur l'écran représente la vie. *La Chinoise,* c'était une recherche en laboratoire sur ce que des gens faisaient en pratique. J'ai eu tort de faire uniquement une recherche en laboratoire.

Faire un film fait partie d'une certaine lutte. Et si l'on dit que l'on s'allie à cette lutte, il faut bien voir où l'on est et si l'on est capable d'y aider.

Pour filmer d'une manière politiquement juste, il faut se lier aux gens dont on pense qu'ils ont politiquement justes. C'est-à-dire ceux qui sont opprimés, qui subissent la répression et qui combattent cette répression. Et se mettre à leur service. Apprendre en même temps que leur apprendre. Abandonner de faire des films. Abandonner la notion d'auteur, telle qu'elle était. C'est là qu'on voit la trahison, le révisionnisme intégral. La notion d'auteur est une notion complètement réactionnaire. Elle ne l'était peut-être pas à des moments où il y avait un certain progressisme des auteurs par rapport à des patrons féodaux. Mais à partir du moment où l'écrivain ou le cinéaste dit : « Moi je veux être le patron parce que je suis le poète et que je sais », alors, là, c'est complètement réactionnaire. Dans le Paradis socialiste celui qui voudra être cinéaste ne le sera pas forcément. Il le sera si c'est bon pour tous. Moi, ça ne me ferait rien...

Le vrai problème posé par l'interdiction de la pièce de Gatti, c'est que justement, comme à Avignon, les problèmes culturels ne sont pas intéressants si les gens s'enferment dans leur culture. La seule chose à faire en faveur de Gatti c'était de faire une grève active, d'arrêter les spectacles. Mais ni Sartre, ni Marguerite Duras ne l'ont fait. Ils n'ont même pas pensé alors que c'était le seul moyen de faire quelque chose. Arrêter la pièce et tous les soirs faire un meeting. Et puisque les ouvriers disaient qu'ils ne voulaient pas faire la grève parce qu'on ne les consultait jamais quand on choisit la pièce, alors on aurait dit à Wilson : « Pourquoi vous ne les consultez jamais ? » Et le mois suivant, c'est Wilson qui tient la rampe et qui fait tous les trucs et ce sont les ouvriers du TNP qui choisissent la pièce et qui la montent. Et c'est Terzieff qui fait la secrétaire. On essaie comme ça. Alors les machinistes voient que ce n'est pas si facile de choisir les pièces et de les monter, etc. On avance comme ça. Si on veut le faire c'est possible. Ils ne seraient pas chassés. Ils ont des statuts. Wilson risque moins en faisant ça qu'un ouvrier de Citroën qui débraye. Mais ils ne veulent pas changer leur manière, leurs méthodes de vie. Ils préfèrent aller supplier un patron de leur donner de l'argent pour faire leur chef-d'œuvre. Ils réagissent en fonctionnaires. Ils ont les drames des fonctionnaires. Ils réagissent en « auteurs » : moi je possède mon langage à moi tout seul, je vais l'étudier tout seul, je n'ai pas besoin d'écouter le voisin. Eh bien moi, après dix ans de cinéma, je me suis aperçu que si je n'avais pas de voisin, je ne pouvais plus rien dire !

Alors, il y a comme ça quelques cinéastes aux États généraux qui veulent vraiment tout changer. Qu'ils soient bons ou mauvais peu importe. Ce qui compte c'est qu'ils essaient de faire quelque chose. Et il faut essayer que cela tourne, et pas à vide.

La science n'est pas neutre. Le cinéma non plus. Les travaux sont un instant de la production. Une voiture est un moment de la chaîne. Un film est un moment de la chaîne intellectuelle. Délivrons-nous de ces chaînes et emparons-nous de la production pour faire que ces moments deviennent un instant de la production dont on se sera emparé.

Le cinéma employé d'une manière scientifique peut être une arme. Mais il n'y a pas que le cinéma. Il y a la télévision et encore beaucoup de choses. Il y a des procédés de télévision amateur qui commencent à se développer comme le magnétoscope. Il y a le cinéma amateur et les brimés du cinéma professionnel qui essaient de reprendre à leur compte le cinéma amateur. Donc il y a beaucoup de choses, et à plusieurs stades.

Si dans une cellule d'entreprise par exemple ils avaient un magnétoscope, le délégué syndical quand il va discuter avec le patron il pourrait se filmer, et le soir les gens pourraient voir la discussion qu'il a eue avec le patron. Mais il n'y en a pas beaucoup qui accepteraient. Séguy, quand il va discuter avec Schuman, il ne veut pas qu'on le filme parce qu'il ne veut pas que le travailleur émigré puisse savoir ce qu'il a dit à Schuman. Par le magnétoscope, les gens peuvent faire une vraie information à la base.

Il n'y a pas beaucoup de vraie gauche en Europe. La vraie gauche, c'est tous les gens opprimés : le SDS en Allemagne, les groupuscules ici. Les autres ce sont des « auteurs ». Même les PSU, ils ont une notion d'auteur de la gauche. Dès qu'il y a contestation dans les lycées, sur dix profs PSU il n'y en a qu'un qui est vraiment avec les lycéens. Ils ont tous cette notion d'auteur. Ils ne veulent pas essayer de travailler à faire des cours avec quelqu'un. Ils pensent que sur les cours à donner il n'y a pas à travailler avec les autres, qu'ils savent tout. La vraie gauche, c'est celle qui essaie de ne plus être « auteur ».

Le lieu commun est le mal le plus répandu, c'est une structure bourgeoise. C'est important de méditer dessus pour arriver à le dépasser. Je me suis aperçu par exemple que tous les discours, aussi bien ceux de Pompidou que ceux des marxistes-léninistes commençaient par « il est évident que ». Castro a raison, les vérités évidentes, ça commence à faire chier, c'est de la philosophie bourgeoise.

Pour expliquer le maniement d'un fusil, on peut faire un poème ou un tract. Mais c'est souvent plus efficace de faire un tract. — (Propos recueillis par Jean-Paul Fargier et Bernard Sizaire, *Tribune socialiste*, 23 janvier 1969).

PREMIERS *SONS ANGLAIS*

... On a fait des textes que j'ai mis dans un commentaire anglais d'un film anglais : *British Sounds*. On reprend au début la phrase de Marx : « En un mot, la bourgeoisie crée un monde à son image. Mais alors, camarades, détruisons cette image. » La bourgeoisie crée un monde à son image, mais elle crée aussi une image à son monde. Elle crée l'image de ce monde qu'elle appelle reflet du réel.

« La photographie n'est pas le reflet du réel, elle est le réel de cette réflexion. »

Ça ne veut pas dire grand-chose mais ça laisse supposer qu'il y a quelque chose à trouver là-dedans et que la photo n'a pas été inventée par hasard. Elle a été inventée — c'est ce que Pleynet et Thibaudeau ont mal dit [1] — le jour où les banquiers de la réaction ont inventé les chemins de fer et le télégraphe, c'est-à-dire les moyens de communication de masse. Quand la bourgeoisie a dû trouver autre chose que la peinture et le roman pour déguiser le réel aux masses, c'est-à-dire inventer l'idéologie de cette nouvelle communication de masse, ça s'est appelé la photographie. Ce n'est pas le rapport Niepce-Hegel qui est important, c'est le

---

1. In *Cinéthique* n° 5, « Godard : valeur d'usage ou d'échange. »

rapport Niepce-Rotschild (ou Hegel employé de Rotschild). Hegel, on n'en a rien à foutre. Tandis que les chemins de fer, la SNCF, on en a quelque chose à faire.

Ça, c'est un commentaire qui vient sur des images d'étudiants : « Quelquefois la lutte de classe c'est la lutte d'une image contre une image et d'un son contre un autre son. Dans un film c'est la lutte d'une image contre un son et d'un son contre une image. » Le film est un son que l'on oppose à un autre son : un son révolutionnaire à un son impérialiste. Mais dans le film lui-même, sur la bande de celluloïd, ça s'exprime par quelque chose de dialectique qui est la lutte des images et des sons (Eisenstein).

Est-ce qu'il n'y a pas dans la représentation un moment où la plus-value joue ? Quand on reproduit la réalité, est-ce qu'il n'y a pas de la plus-value ? Est-ce que le concept marxiste de plus-value n'est pas une bonne arme pour lutter contre le concept bourgeois de représentation ? Mais je me demande si ce n'est pas poser le problème en termes universitaires.

On reprenait Althusser : « Un film politique doit découvrir ce qu'il a inventé ». Comme Lavoisier a découvert l'oxygène inventé par Priestley, comme Marx a découvert la plus-value inventée par Ricardo (Ricardo a inventé la théorie de la valeur mais il n'en a rien fait).

« Télévision et cinéma n'enregistrent pas des moments de réel mais simplement des moments dialectiques, des aires (ères) de contradictions qu'il faut illuminer à la lumière de la lutte des classes. »

« Le Parti commande le fusil, la production commande la consommation et la distribution. » S'il y a un million de copies d'un film marxiste-léniniste, ce film c'est *Autant en emporte le vent*.

« Il y a une science de l'image, camarades, commen-

çons à la construire. Voici quelques repères : matéria-
lisme/dialectique, documentaire/fiction, guerre et
libération/guerre populaire, vécu-émotion/travail
politique. » Tous les films bourgeois sont pour le vécu,
l'émotion.

Pendant la projection d'un film impérialiste, l'écran
vend la voix du patron au spectateur : la voix flatte,
réprime ou matraque. Pendant la projection d'un film
révisionniste, l'écran est seulement le haut-parleur
d'une voix déléguée par le peuple mais qui n'est plus la
voix du peuple, car le peuple regarde en silence son
visage défiguré. Pendant la projection d'un film militant, l'écran est simplement un tableau noir ou un mur
d'école qui offre l'analyse concrète d'une situation
concrète...

pour le groupe Dziga-Vertov :

Jean-Luc Godard.

(*Cinéthique* n° 5, septembre-octobre 1969).

PRAVDA

Trois parties, ou plutôt, trois étapes ont caractérisé la réalisation du film.

1) Un tournage soi-disant « politique », en fait, du « tourisme politique », ni plus ni moins ; des images et des sons enregistrés un peu au hasard : les cadres, les ouvriers, les étudiants, les rapports de production, l'américanisme, le révisionnisme, etc., bref, des images et des sons enregistrés selon la bonne vieille classification de l'idéologie bourgeoise à laquelle on prétend pourtant s'opposer.

2) Mais ce n'est pas si simple. Au montage, en face de cet amas « documentaire », on découvre que l'on a tourné un film politique *au lieu de tourner politiquement un film*.

Le montage va donc consister à faire, après, ce qui aurait dû être fait avant, à faire pendant le montage, le montage qui aurait dû être fait avant et pendant le tournage (cf. Vertov), bref, à rattraper le retard, à limiter des dégâts. Négative, en ce qui concerne l'étude, la brochure, sur la Tchécoslovaquie, cette opération de sauvetage est positive par rapport aux réflexions qu'elle permettra après le montage, sur un plus juste emploi du cinéma comme arme politique, c'est-à-dire sur un plus juste, politiquement, emploi politique du cinéma.

3) Monter le film consistait donc d'abord, à avoir les idées justes sur ce qu'on était en train de faire (faire un film sur la Tchécoslovaquie, et comment le faire) c'est-à-dire, à partir d'où l'on était : des documents « réels », « vécus », à organiser *politiquement* sur une ligne anti-révisionniste.

Là, de nouveau, le « politiquement » a été escamoté, et l'anti-révisionniste s'est caractérisé par une débauche de citations mal employées.

Ces trois étapes dans la réalisation du film se sont donc retrouvées normalement dans le montage final qui se compose lui aussi de trois parties :

A) Enquête banale en Tchécoslovaquie. Les petits faits vrais. Un pays socialiste qui fait de la publicité pour Panam et Olivetti, etc. Bref, un pays malade.

B) Le nom de cette maladie : le révisionnisme. Taylor = Stakhanov ; Chytilova = Zanuck et Paramount ; Ota Sik = J.-J. Servan-Schreiber ; socialisme tchèque = socialisme yougoslave ; etc.

C) Le moyen de guérir cette maladie : le marxisme-léninisme. Notre tâche de cinéastes marxistes-léninistes : commencer à mettre des sons déjà justes sur des images encore fausses.

Des sons déjà justes parce qu'ils viennent des luttes révolutionnaires.

Des images encore fausses parce que produites dans le camp de l'idéologie impérialiste.

Conclusion

Aspects négatifs : tournage hâtif, opportuniste, petit-bourgeois. Tournage qui n'est pas du « montage avant le montage » (Vertov). Montage qui n'est que du montage avant le montage, au lieu d'être du « montage dans le montage » (Vertov).

Aspects positifs : ne pas avoir abandonné purement et simplement le film comme d'autres camarades. Dans cette lutte encore trop individuelle d'organisation finale du montage, avoir appris deux ou trois choses :

1) A dégager quelques images simples qui devront être la base des prochains films ; les rapports de production ; la lutte idéologique installée par la collaboration révisionnisme-idéalisme quant à perpétuer ces rapports de production dans la tête des gens, c'est-à-dire, en dégageant ces rapports de production, en sachant les re-produire en images et en sons, par des nouveaux rapports d'images et de sons, le cinéma marxiste-léniniste pourra s'en servir comme arme, d'abord dans la lutte idéologique (théorie) puis dans les luttes concrètes de la classe ouvrière et de ses alliés (pratique).

2) Dégager des images simples (et ce n'est pas si simple, c'est là qu'il s'agit de faire politiquement) comme ici les plans de la rose = classe ouvrière tchèque et slovaque, et les plans de production toujours les mêmes ; dégager des images simples c'est refuser de faire des images du monde trop complètes, c'est faire que la même image (ou son) soit une image de et en lutte, qu'elle ne soit jamais la même image (ou son) mais qu'elle soit image (ou son) de et en lutte, critique, transformation. — (Texte diffusé à l'ARC — musée d'Art moderne de Paris — en février 1970, à l'occasion d'une projection du film).

GODARD CHEZ LES FEDDAYIN

L'Express. — Comment vous est venue l'idée de tourner à Amman ?

Jean-Luc Godard. — Le film m'a été demandé par le Comité central de la révolution palestinienne. C'est un film arabe, financé par les Arabes. L'idée m'est venue de le faire à la suite de contacts avec des Palestiniens et des Français.

— De quelle façon avez-vous conçu ce film ?

— En tant que Français, comme un film sur les Arabes qui n'a jamais été réalisé pendant la guerre d'Algérie. Un film sur le monde arabe longtemps colonisé par les Français et qui l'est toujours, puisqu'en France une grande partie de la main-d'œuvre est constituée par des Arabes et des Africains. Venir tourner un film ici, ce n'est pas donner des leçons, mais en prendre de gens qui sont en avance sur nous. J'essaie d'utiliser mes connaissances techniques pour exprimer les idées de la révolution palestinienne.

— Quel sera le titre du film ?

— *Les Méthodes de pensée et de travail de la révolution palestinienne*. Ce sera un film politique, plus exactement un rapport politique parlé en arabe et doublé selon les nécessités de la diffusion.

— Comment est-ce, un film politique ?

— Nous ne recherchons pas les images sensationnelles. Toutes les images sensationnelles ont été filmées
par la chaîne de télévision américaine CBS et l'ORTF.
Nous essayons de faire une analyse politique de la
révolution palestinienne. Nous n'avons jamais été
éduqués à présenter des images politiques. Nous en
sommes au début. Ce film se propose un double but :
1) aider les gens qui luttent d'une manière ou d'une
autre dans leur pays, contre l'impérialisme ; 2) présenter un nouveau genre de film. Une sorte de brochure
politique.

— *Pouvez-vous préciser ce terme de « brochure politique » ?*

— Nous ne cherchons pas à montrer des images,
mais des rapports entre les images. A ce moment, le film
devient politique, car ces rapports vont dans le sens de la
ligne politique du commandement unifié de la révolution palestinienne. Pour le réaliser, il faut du temps. Les
Palestiniens sont dans un état de guerre populaire
prolongée. Il n'y a pas de raison que ce film ne prenne
pas du temps aussi.

— *A quelles difficultés vous heurtez-vous ?*

— La difficulté vient du fait que ce n'est pas un film
tourné par sympathie politique, mais le résultat de
discussions politiques. Les membres de la résistance
palestinienne participent à sa réalisation. C'est un des
aspects de leur tâche. Le film est régulièrement discuté.

— *Y verra-t-on les dirigeants palestiniens ?*

— On verra certainement les leaders.

— *Parlerez-vous des difficultés internes surgies entre les
différents mouvements ?*

— Nous en parlerons, mais nous ne les présenterons
pas, comme la presse impérialiste, comme des rivalités
de groupes.

— *La récente crise entre Jordaniens et Palestiniens a-t-
elle eu des répercussions sur la préparation du film ?*

— Elle a permis de préciser les choses. Nous étudions les méthodes de pensée et de travail de la révolution palestinienne. L'originalité de cette révolution fait peur aux régimes en place au Proche-Orient et, par suite, à leurs protecteurs américains et russes.

— *Certains vous reprochent de travailler uniquement en liaison avec le Fath, l'organisation la plus puissante.*

— Pendant le dernier complot, les moyens d'information bourgeois ont suffisamment parlé des autres organisations. On n'a pas parlé du Fath.

— *Du point de vue cinématographique, quel est l'intérêt de l'entreprise?*

— Le cinéma est l'un des domaines où l'impérialisme est le plus puissant. Il a été négligé jusqu'ici en tant que moyen d'expression politique. Nous pensons que nous devons l'utiliser si nous en avons la possibilité. — (Entretien réalisé par Michel Garin, *L'Express*, 27 juillet 1970)

LE GROUPE DZIGA-VERTOV

Jean-Luc Godard parle au nom de ses camarades du groupe : Jean-Pierre Gorin, Gérard Martin, Nathalie Billard et Armand Marco :

Marcel Martin. — Quand et comment a été constitué le groupe Dziga-Vertov ?

— Après Mai, j'ai rencontré un garçon, militant des JCML, Jean-Pierre Gorin : c'était la rencontre de deux personnes, l'une venant du cinéma normal, l'autre un militant qui avait décidé que faire du cinéma était l'une de ses tâches politiques à la fois pour théoriser Mai et repasser à la pratique, tandis que moi je voulais me lier à quelqu'un qui ne venait pas du cinéma. Bref, l'un désirant faire du cinéma, l'autre désirant le quitter, c'était essayer de construire une nouvelle unité faite de deux contraires, selon le concept marxiste, et donc essayer de constituer une nouvelle cellule qui ne fasse pas du cinéma politique mais qui essaye de faire politiquement du cinéma politique, ce qui était assez différent de ce que faisaient les autres cinéastes militants.

Nous avons suivi les États généraux après l'éclatement consécutif à Mai, puis nous sommes partis. Nous avons pris le nom de Dziga Vertov non pas pour appliquer son programme mais pour le prendre comme porte-drapeau par rapport à Eisenstein qui, à l'analyse, est déjà un cinéaste révisionniste alors que Vertov, au début du cinéma bolchevique, avait de tout autres théories consistant simplement à ouvrir les yeux et à montrer le monde au nom de la dictature du prolétariat. A cette époque, le terme de *Kino-Pravda* n'avait rien à voir avec le reportage ou la caméra « candide », ce avec quoi Dziga Vertov est abusivement assimilé aujourd'hui sous le concept de « cinéma vérité » : cela voulait dire cinéma politique. Pour nous, le plus important était de s'attaquer aux tâches de production avant celles de la diffusion. Alors que tout le cinéma militant se définit par une tentative de diffuser les films autrement, à notre avis cela ne pouvait pas se faire et cela a toujours abouti à des échecs ; au contraire, en marxistes, nous pensons que c'est la production qui doit commander à la diffusion et à la consommation, que c'est la révolution qui doit commander à l'économie, si vous voulez, et que donc, en ce qui concerne le cinéma, ce n'est qu'une fois qu'on saura comment produire des films dans les conditions spécifiques d'un pays capitaliste, sous la coupe de l'impérialisme, qu'on saura comment les diffuser ensuite.

En même temps, l'unité production-diffusion est la lutte de deux contraires et c'est une unité insécable : mais plutôt que de considérer la diffusion comme la contradiction principale, ce que faisaient les cinéastes militants — et c'est là qu'ils achoppent, régulièrement — nous avons considéré la contradiction principale comme résidant dans la production : produire un film d'une manière juste, politiquement, cela doit nous donner ensuite la manière juste de le diffuser, politiquement. Mais nous n'en sommes absolument pas encore là. Toute notre évolution s'est faite sur deux ans. Nous avons de grosses contradictions en ce moment à propos du film sur la Palestine : sur ce problème très réel, nous avons senti le besoin de ne plus théoriser en chambre et de travailler en liaison avec les masses. Mais quand on travaille dans l'industrie — même en profitant de mon nom — en jouant sur la contradiction, on se fait à moitié bouffer par cette contradiction-là. Par exemple, pour payer les images palestiniennes, on doit faire un film publicitaire et donc on produit suivant la logique de l'idéologie publicitaire bourgeoise : si on fait ça le matin, il est difficile l'après-midi de produire suivant une idéologie qu'on voudrait plus prolétarienne ; on ne peut pas arrêter à midi, quitter une veste de bourgeois et prendre une veste prolétarienne, ça n'est pas si simple.

Alors, produire un film aujourd'hui dans les pays capitalistes est une telle contradiction qu'on s'en sort très mal. On a réalisé aussi que des militants pouvaient militer d'une manière juste mais que, dès qu'ils prenaient une caméra, ils ne se rendaient pas compte que leur fusil idéologique qu'est le cinéma n'est même pas un chassepot, à peine une fourche, que le cinéma en est, au meilleur stade, à faire sa révolution bourgeoise et que le cinéma commercial en est au stade du féodalisme. Ce qui m'a fait profondément réfléchir, c'est que, d'une part, en Chine, ils aient arrêté le cinéma en même temps qu'ils fermaient les universités et, d'autre part, qu'en Mai l'assemblée des cinéastes s'est appelée États généraux du cinéma : à ce moment, le cinéma a donc commencé à entrevoir une possibilité de révolution bourgeoise. Aujourd'hui la SRF essaie de faire sa révolution bourgeoise, c'est-à-dire qu'elle a deux cents ans de retard sur les événements, et cela c'est la loi de presque tout le cinéma mondial actuellement. Autre chose : en Mai, la seule activité qui ne s'est pas arrêtée, c'est la projection des films ; la production s'est arrêtée, Cannes a arrêté, mais la projection a continué : Truffaut ne voyait pas du tout la contradiction entre arrêter Cannes et continuer à faire projeter le film qu'il avait produit ou acheté.

Il faut réfléchir sur tous ces problèmes, en sachant que nous sommes en France et que les problèmes ne sont pas les mêmes à Novosibirsk ou à Buenos Aires. C'est la vraie question pour les cinéastes militants et certains la résolvent en décidant d'arrêter de faire du cinéma. Nous, pour l'instant, nous disons que le cinéma est une tâche secondaire dans la révolution mais que cette tâche secondaire est actuellement importante et qu'il est donc juste d'en faire notre activité principale.

— *Vos films, depuis Mai 68, les considérez-vous comme des travaux de recherche non destinés à la « consommation » ?*

— On savait, en tout cas, que les premiers ne seraient quasiment pas vus. Du fait que j'étais moi-même, de toute façon, rejeté du cinéma normal dans lequel je n'arrivais même plus à mener ma révolte, où j'étais considéré comme un blouson noir ou un anar, même si je gagnais bien ma vie, au moment de Mai, j'ai mieux compris où ma révolte spontanée qui m'avait mis petit à petit en dehors du système, devait me mener. C'était une révolte individuelle et j'ai compris alors, avec beaucoup de retard, que je devais me lier plus aux grands mouvements sociaux. Le cinéma est un monde complètement fermé qui vous coupe de la réalité d'une façon incroyable. On savait, en réfléchissant sur les moyens de production, qu'on serait probablement acculés à ne pas pouvoir diffuser nos films, que deux ou trois copains seulement les verraient, que c'était une situation assez intenable mais qu'il fallait la supporter pendant un an ou deux, le moins longtemps possible, mais qu'elle était inévitable. Alors, nous avons essayé de profiter d'une autre contradiction, sur mon nom, du fait qu'étant rejeté du cinéma normal, certaines télévisions m'ouvraient les bras ; mais ça n'a pas duré longtemps non plus puisque nous avons fait un film pour la BBC qui l'a refusé après l'avoir commandé, puis un autre pour la RAI qui l'a refusé également. En ce moment, la TV allemande m'a proposé un contrat pour deux ou trois films mais c'est parce que la situation en Allemagne, les contradictions du libéralisme, permettent d'aller beaucoup plus loin qu'en France, en Angleterre ou en Italie, et encore parce que ce sont des sujets qui ne touchent pas l'Allemagne. Même le film sur la Tchécoslovaquie, qui n'est pas bon du tout — mais c'est une autre question — a été retiré de la programmation parce qu'il était trop politique au moment des élections allemandes : même une TV ultra-libérale a reculé.

— *Vous ne croyez pas à la diffusion parallèle ? Elle est cependant importante.*

— Non, pas beaucoup, parce que nous pensons que les films qui sont mal produits, et c'est le cas de ceux qui se diffusent ainsi, ne prêchent que des convaincus. La diffusion doit être liée à un travail politique : je crois à une diffusion de masse lorsqu'il existe un parti de masse. C'est le cas de la Chine, mais les Chinois commencent seulement à se poser les problèmes du cinéma, d'ailleurs, ils n'ont aucune raison de se les être posés plus tôt. Le cinéma est un instrument de parti et nous nous trouvons dans des pays où le parti révolutionnaire est loin d'exister et où le travail révolutionnaire consiste à le construire, un travail qui peut demander beaucoup de temps.

Donc la diffusion de milliers de copies d'un film militant ne fera pas avancer d'une seconde la révolution. Les seuls films que les prolétaires acceptent vraiment aujourd'hui, c'est toujours le *Potemkine* et *Le Sel de la terre :* ce sont les seuls qui les touchent profondément, le film d'un bourgeois emporté par la révolution et celui d'un libéral américain. Ces films étaient portés par un mouvement de masse, et le prolétaire se reconnaît dedans : mais, en même temps, c'est un vieux chassepot qu'on lui donne car s'il voit la grève dans *Le Sel de la terre* au moment où il est en train de faire grève chez Berliet, ça lui remonte le moral mais ça ne lui donne aucune indication sur les forces politiques en jeu à l'endroit où il se trouve en lutte.

— *Pensez-vous que l'élément « spectacle » puisse faire accéder le film politique à un large public ?*

— Pour qu'il ait vraiment de l'effet, il faudrait que ce soit un spectacle qui n'étouffe pas la dialectique. On le voit dans le cas de Brecht : du fait des conditions dans lesquelles il vivait, il n'a jamais été bien monté ; il n'y a qu'en Chine qu'il aurait pu à la fois se perfectionner et avoir de l'influence puisqu'il faisait du théâtre dialectique. Mais la dialectique a toujours été noyée sous le spectacle par les gens qui le montaient. Et donc le public ne peut pas réfléchir. Brecht écrivait pour les prolos et les prolos peuvent le comprendre s'il est bien monté, c'est-à-dire s'il était monté par des prolos. Mais il est monté par des bourgeois et les bourgeois y voient un spectacle qui les emmerde. Voilà les contradictions où nous sommes et nous pensons que passer quelques années à essayer de les dépasser, ça en vaut la peine, si, économiquement, on peut tenir, ce qui est effectivement de plus en plus difficile. Alors, on pense qu'on doit à la fois faire de la théorie et faire que cette théorie soit plus en prise avec le réel afin de commencer à diffuser un peu et donc recueillir des idées des masses pour les retourner à elles à travers les films : c'est le cas du film palestinien qui pose un problème dont on peut trouver les éléments ici, parmi les travailleurs immigrés, et qui peut lui-même leur apporter quelque chose, qui les aide dans leurs luttes propres. Donc, on n'est pas du tout, par principe, contre le spectacle, on pense qu'il faut l'être pendant un moment, à notre grand regret.

— *En tant que cinéaste militant, ne devriez-vous pas viser à l'efficacité immédiate et lui sacrifier la recherche de formes nouvelles ?*

— Mais on ne cherche pas de formes nouvelles, on cherche des rapports nouveaux. Ça consiste d'abord à détruire les anciens rapports, ne fût-ce que sur le plan formel, puis à se rendre compte que si on les a détruits sur le plan formel, c'est que cette forme venait de certaines conditions sociales d'existence et de travail en commun qui impliquent des luttes de contraires, donc un travail politique. Ça rejoint les difficultés des groupes révolutionnaires en France, qui n'arrivent pas à faire l'unité, même sur des choses simples. Mais tout ça n'est pas simple.

— *Où en êtes-vous de votre travail ?*

— Le film sur la Palestine est au montage. On a dû l'abandonner quelque temps afin de faire pour la TV allemande un film qui s'appelle *Vladimir et Rosa,* qui est une tâche économique et qu'on a acceptée comme telle en décidant qu'on y poserait moins de problèmes. Ça nous a montré la difficulté de refaire un film de fiction avec acteurs qui soit un film matérialiste. C'est une question que les Chinois commencent à se poser : le désavantage que nous avons sur eux, c'est que nous n'avons eu ni la révolution ni la révolution culturelle. Il faut travailler dans cette voie suivant des formes nouvelles pas trop théorisées.

— *Comment concevez-vous le travail de groupe ?*

— On ne le conçoit pas : on n'y arrive pas ! Arriver à travailler politiquement à deux sur un film, c'est très difficile. Il vient forcément un moment où le travail collectif doit être pris en charge par un seul, plus qualifié qu'un autre pour l'exécuter. Il ne faut pas se laisser aller à l'utopie de l'égalitarisme absolu, en particulier dans le domaine économique où l'égalité des salaires ne résout pas les problèmes puisque tous ne vivent pas dans les mêmes conditions : il faut donc discuter des conditions de vie de chacun et donc agir politiquement à tous les niveaux.

— *Que pensez-vous de l'élément didactique dans les films politiques ?*

— Il y a deux sortes de films militants : ce que nous appelons les films « tableaux noirs » et les films « Internationale », celui-ci qui équivaut à chanter *L'Internationale* dans une manif, l'autre qui démontre et permet à quelqu'un d'appliquer dans la réalité ce qu'il vient de voir, ou d'aller le récrire sur un autre tableau noir pour que d'autres puissent l'appliquer aussi.

Ce sont les deux aspects contraires d'une même unité, mais il est très difficile de mener à bien cette unité, que *Potemkine* soit en même temps une leçon d'action révolutionnaire et un chant qui remonte le moral. Or, en fait, on est constamment tiraillé entre les deux. Les films politiques à grand spectacle, comme *Z*, ne peuvent pas être rejetés sommairement : il faut voir quel moment de la contradiction ils représentent dans la situation actuelle. Il se peut qu'un film comme *Z*, qui, en France, fait régresser la conscience révolutionnaire par le faux vernis ou la bonne conscience qu'il donne aux gens peu politisés, il se peut qu'à un autre moment ou dans un autre pays il soit un élément de mobilisation. Mais alors là, je ne pense plus du tout à *Z* mais à certains films brésiliens, cubains, au film bolivien *Le Sang du condor*.

— *Parmi les films politiques récents, y en a-t-il qui se rapprochent de ce que vous voulez faire ?*

— Mais on ne sait pas encore très bien ce qu'on veut

faire, on ne sait pas même si on le fera, si on continuera. Je pense qu'il faut profiter des contradictions pour s'y glisser et les faire exploser : mais le terrain est bien gardé ! Ce sera possible dans quelques années avec le développement des magnétoscopes à cassette, qui donneront aux militants un instrument audio-visuel permettant un travail politique plus efficace. On n'aura plus besoin du cinéma normal mais je pense que ce secteur aussi sera très surveillé par la bourgeoisie : est-ce que les particuliers auront le droit d'avoir chez eux des unités de production ? Il faudra alors utiliser les contradictions dues aux rivalités des firmes capitalistes entre elles, obtenir de Sony ce que Gaumont, par exemple, pourrait nous refuser.

— *Refusez-vous l'idée de refaire un film qui pourrait trouver place sur le marché commercial ?*

— Absolument pas ! Mais on ne me l'offre pas et je n'en ai pas les moyens. Même dans le passé, après le succès d'*A bout de souffle*, je n'ai jamais eu de propositions : j'ai dû convaincre des producteurs, et en très petit nombre, qui finissaient par être des amis et qui, après Mai, ont cessé d'être des amis. Mais c'est impossible de faire un film politique dans le système : dès que votre budget dépasse 50 millions, on vous façonne le scénario. On vous donne 50 millions si vous faites *Easy Rider* ou *More*...

— *Et* Camarades *n'est pas une exception sympathique ?*

— Je pense que Karmitz ne peut pas faire deux fois de suite la même chose et que son film relève du genre, non pas de *Z*, mais du *Sang du condor* : je pense qu'ici il est inefficace. Il n'aide personne à combattre, il constate : c'est *La Belle Équipe* qui, du temps du Front Populaire, avait peut-être un sens qu'elle ne peut plus avoir aujourd'hui parce que nous ne sommes plus en 36. Ce n'est pas la sincérité de Karmitz qui est en cause, mais l'efficacité de son film : *Le Sel de la terre* est meilleur pour les prolétaires.

— *On a l'impression, depuis deux ans, que vous semblez vous résoudre à une certaine impossibilité, momentanée peut-être, de vous exprimer...*

— Non, on s'exprime beaucoup mieux et beaucoup plus, mais d'une autre façon, dialectiquement. Mais c'est vrai que c'est difficile de s'exprimer aujourd'hui en France, qu'un Palestinien ou un Noir opprimé aux États-Unis savent mieux s'exprimer que moi. Moi, je m'exprime, mal, mais je n'ai pas perdu la volonté de m'exprimer, de transformer ma façon de m'exprimer pour m'exprimer de mieux en mieux... — (Entretien réalisé par Marcel Martin, *Cinéma 70* n° 151, décembre 1970).

ENQUÊTE SUR UNE IMAGE

Ce texte constitue la bande-son du film Letter to Jane
*réalisé en 1972 par Jean-Luc Godard
et Jean-Pierre Gorin*

Chère Jane,

Dans la brochure publicitaire qui accompagne *Tout va bien* aux festivals de Venise, Carthage, New York et San Francisco, on a préféré mettre une photo de toi au Vietnam que des photos du film. On a trouvé cette photo dans un numéro de *L'Express* au début du mois d'août 1972, et on pense qu'elle va nous permettre de parler très concrètement des problèmes posés par *Tout va bien.*

Il ne s'agit pas du tout de détourner la conversation, et de ne pas parler de *Tout va bien*, comme si nous avions peur de parler de ce film, pas du tout. Mais il s'agit aussi de ne pas piétiner sur place (comme des troupes du fantoche Thieu à Quang-Tri) ce qui tôt ou tard conduit à piétiner les autres pour s'en sortir (comme les obus de la 7ᵉ flotte sur Quang-Tri). Il s'agit donc de bien faire un détour, mais c'est, si j'ose dire : un détour direct. C'est-à-dire un détour qui nous permettra d'affronter directement les redoutables petits problèmes que pose tant bien que mal le film que nous avons tourné ensemble au début de cette année.

Et plutôt que de parler tout de suite en long et en large des qualités et des défauts de notre film, on préfère demander aux critiques, aux journalistes, aux spectateurs, de bien vouloir faire avec nous l'effort d'analyser cette photo de toi au Vietnam qui a été prise quelques mois après le film que nous avons fait à Paris.

En effet, cette photo et le court texte qui l'accompagne nous semblent capables de mieux résumer *Tout va bien* que nous ne saurions le faire. Et ceci pour une raison très simple. Cette photo répond à la même question que celle que pose le film : quel rôle les intellectuels doivent-ils jouer dans la révolution ? A cette question, la photo donne une réponse pratique (elle donne la réponse de sa pratique). Cette photo te montre, en effet, toi Jane, au service de la lutte pour l'indépendance du peuple vietnamien.

A cette question *Tout va bien* répond aussi, mais pas de la même façon. Car, moins certain que la photo des réponses à donner, le film pose d'abord d'autres questions. Et celles-ci reviennent en fin de compte à ne pas poser telle quelle la question des intellectuels et de la révolution. Comment poser cette question alors ?

Le film ne répond pas encore exactement. Mais la manière dont il ne répond pas encore est en fait une façon indirecte de poser de nouvelles questions. Car rien ne sert de donner d'anciennes réponses aux nouvelles questions posées par le développement actuel des luttes révolutionnaires. Il faut aussi apprendre à formuler ces nouvelles questions. Et apprendre auprès de ceux qui, s'ils n'ont pas encore eu le temps de rédiger clairement ces nouvelles questions, ont déjà conquis le terrain sur lequel elles pourront fleurir et s'épanouir, et l'ont conquis par une pratique nouvelle.

On te disait que la manière dont on ne répond pas vraiment encore vraiment comme les Vietnamiens et toi sur cette photo, on disait que c'était en fait une façon indirecte de d'abord poser des questions nouvelles. une façon indirecte. Une façon détournée. Tu peux comprendre maintenant pourquoi la nécessité d'un détour avant de parler du film. Et pourquoi un détour par le Vietnam. D'abord parce que tout le monde est d'accord sur le fait que des questions vraiment nouvelles se posent là-bas. Et ensuite parce que tu étais avec eux après avoir été avec nous.

D'où pour nous, en regardant cette photo d'une actrice sur le théâtre des opérations, le désir de l'interroger. Non pas interroger l'actrice, mais interroger la photo. Et pour nous, cela revient à poser un certain nombre de questions nouvelles à la réponse classique que les Vietnamiens et toi, en prenant et diffusant cette photo, vous avez donnée à cette fameuse question des intellectuels.

Il y a autre chose aussi qui joue dans notre décision de profiter de cette photo pour faire un détour par le Vietnam. Ce quelque chose c'est notre désir de parler réellement du film avec les spectateurs, qu'ils soient journalistes ou pas, tout le monde est son propre journaliste et son propre éditorialiste selon comment il se raconte sa journée, suivant comment il se la représente, suivant comment il se fait son « petit cinéma » à propos de sa propre activité matérielle et quotidienne. Et c'est justement de ce « petit cinéma »-là, et pas de l'autre, inventé par Lumière et la révolution industrielle, dont nous voulons finalement parler avec le spectateur. Mais pour ça, il nous faut faire un détour. Car, de même qu'un film est une sorte de détour qui nous ramène à nous-mêmes, de même, pour revenir au film, nous devons faire ce détour en nous-mêmes. Et ici, aux USA, nous-mêmes, c'est d'abord actuellement encore et toujours le Vietnam.

On va expliquer ça un peu plus longuement. On pense qu'il est important et urgent de parler un peu réellement à ceux qui se sont dérangés pour voir notre film. Réellement, ça veut dire là où ils sont, et aussi là où nous sommes. Il faut donc faire en sorte qu'ils

puissent réellement poser des questions s'ils en ont
envie, ou donner des réponses aux questions que nous
avons posées. Il faut qu'il puisse réfléchir. Et réfléchir
d'abord à ce problème des questions et des réponses. Il
faut que nous puissions nous aussi être réellement
ébranlés par les questions des spectateurs (ou les
réponses), et que nous puissions répondre (ou ques-
tionner) autrement que par des réponses (ou des
questions) toutes faites à des questions (ou des
réponses) également toutes faites. Mais faites par qui ?
Pour qui ? Contre qui ?

C'est-à-dire que pour introduire une possibilité
réelle de discussion à propos de *Tout va bien*, nous
allons nous placer en dehors de *Tout va bien*. Pour
parler de cette machine, nous allons en dehors de
l'usine qui l'utilise. Nous allons trouver notre base de
discussion hors du cinéma, mais pour y revenir mieux.
Et quand nous y serons revenus, pour repartir d'un
meilleur pas vers les problèmes réels de notre réelle vie
matérielle dont le cinéma n'aura été qu'un des éléments.

Nous n'allons pas quitter, abandonner *Tout va bien*.
Nous allons au contraire en partir, partir pour aller
ailleurs, au Vietnam par exemple, puisque tu en
reviens. Mais, et c'est là l'important, nous allons y aller
par nos propres moyens.

De quels moyens s'agit-il ? De nos moyens techniques de travail, et de l'usage social qu'on en fait (toi sur
cette photo au Vietnam, nous dans le film à Paris) et de
cet usage, justement, on va pouvoir mieux juger. Et
pour une fois, on ne sera pas seul, le spectateur sera là
aussi, il produira en même temps qu'il consommera, et
nous, nous consommerons en même temps que nous
produirons.

Peut-être que tout ça te semble compliqué. Comme
disait Vertov à Lénine, c'est que la vérité est simple,

mais qu'il n'est pas simple de dire la vérité, et oncle Brecht à son époque avait repéré cinq difficultés pour dire la vérité. Bon. On va expliquer ça autrement.

On dit souvent aujourd'hui que le cinéma doit « servir le peuple ». Okay. Plutôt que de théoriser sur les défauts et qualités de *Tout va bien*, on va se rendre au Vietnam. Mais on va y aller par et avec les moyens de *Tout va bien*. On va regarder, si on peut s'exprimer ainsi, comment *Tout va bien* « travaille » au Vietnam. Ensuite, de cet exemple pratique, on pourra éventuellement tirer quelques conclusions sur les choses à faire et à ne pas faire, chacun de nous là où il est, avec sa femme, son patron, ses enfants, son argent, ses désirs, etc.

En somme nous allons nous servir de cette photo pour aller au Vietnam enquêter sur cette question : comment le cinéma peut-il aider le peuple vietnamien à conquérir son indépendance ? Et, comme on l'a déjà dit plusieurs fois, on n'est pas seul à se servir de cette photo pour aller au Vietnam. Des milliers de gens l'ont déjà fait, probablement presque tout le monde ici a déjà vu cette photo, et pendant quelques secondes, à sa façon, s'en est donc servi pour aller au Vietnam. C'est justement ça que nous pensons important de savoir : comment il s'est servi de cette photo pour aller au Vietnam ; en fait : comment il est allé au Vietnam. Car le docteur Kissinger aussi va plusieurs fois par an au Vietnam.

Et un type comme le docteur Kissinger, justement, il va nous demander pourquoi cette photo ? et quel lien cette photo peut avoir avec *Tout va bien* ? Et lui et ses amis diront que ce n'est pas sérieux, qu'on ferait mieux de parler du film, de l'art, etc. Mais il faut faire l'effort de voir que ce type de réflexions se faussent elles-mêmes en se posant ainsi, elles compliquent tout et elles barrent la route en fait à d'autres questions plus simples (comme on dit des gens simples).

Par exemple, avant de dire : quel lien, il faut d'abord

demander : est-ce qu'il y a un lien ? et si oui, seulement
ensuite demander lequel. Et ensuite seulement ayant
découvert quel lien (ici, on découvrira tout à l'heure
que le lien entre notre film et cette photo est le
problème de l'expression) on pourra éventuellement
juger de son importance, c'est-à-dire établir d'autres
liens avec d'autres questions importantes, et d'autres
réponses importantes.

Ça n'a l'air de rien, bla-bla-bla on va dire, mais déjà,
à l'autre bout de cette nouvelle petite chaîne de
questions, la question de l'importance, que d'autres
appellent la question du résultat pratique, apparaît
comme une question extrêmement importante.

Et ceci parce qu'à la question de l'importance ou pas
de cette photo, le collectif Nord-Vietnam/Vietcong a
déjà répondu en réussissant à la faire publier un peu
partout dans le monde « libre » (ce monde libre qui
l'enchaîne), et qu'il a montré par là l'importance qu'il
attachait à cette photo, l'importance qu'il attachait à la
question du résultat pratique, l'importance qu'il attachait à la question de l'importance.

Cette photo est donc une réponse pratique que les
Nord-Vietnamiens, avec ton aide, Jane, ont décidé de
donner à la fameuse question que nous posions plus
haut : quel rôle le cinéma doit-il jouer dans le développement des luttes révolutionnaires ? Fameuse question
qui en répète une autre non moins fameuse : quel est le
rôle des intellectuels dans la révolution ?

A cette question, à laquelle cette photo donne une
réponse pratique (la réponse de la pratique d'un
peuple ; la photo est prise et publiée, et elle est prise de
cette façon pour être sûre et certaine d'être publiée, à
droite comme à gauche, et c'est un fait qu'elle l'est,
sans cela nous n'en disposerions pas), à cette question
il se trouve que *Tout va bien* répond aussi. Mais d'un
autre endroit, et d'une autre façon. Une façon qui

consiste en fait à ne pas donner tout de suite ce type de réponse. Une façon qui consiste à dire : ici, où nous sommes, en France, en 1972, gouvernés par les amis des Américains et des Russes, tout n'est pas si clair, tout n'est pas si évident (nous nous souvenons en particulier de Fidel Castro disant à l'ONU que pour les révolutionnaires, il n'y avait jamais de vérités évidentes, que c'est l'impérialisme qui les avaient inventées, et que les grands se servaient habilement des vérités évidentes pour opprimer les petits).

Et puisque tout n'est pas évident, Jane, continuons à nous poser des questions, mais faisons l'effort de les poser autrement, bref, posons les nouvelles questions pour pouvoir donner des nouvelles réponses. Par exemple, regardons comment les Vietnamiens traduisent leur combat, et posons-nous des questions, puisque nous voulons aussi traduire notre combat. Et demandons-nous d'abord honnêtement ce qui nous permet de dire que nous combattons réellement.

Mais à ce moment, peut-être que toi, Jane, tu vas nous demander : pourquoi cette photo de moi, et pas de Ramsey Clarke, par exemple, lui aussi, il était au Vietnam, lui aussi il a témoigné pour le bombardement des digues. Simplement toi, Jane, à cause de *Tout va bien*, et que ton statut social dans le film était le même que dans cette photo. Tu es une actrice. Nous sommes tous acteurs sur le théâtre de l'histoire, d'accord, mais en plus, toi tu fais du cinéma et nous aussi. Alors pourquoi pas Yves Montand au Chili ? tu pourrais dire. Lui aussi, il était dans le film. C'est vrai. Mais il se trouve que les révolutionnaires chiliens n'ont pas jugé bon de diffuser des photos d'Yves alors que les révolutionnaires vietnamiens ont jugé bon, avec ton accord, de diffuser des photos de toi (en fait, de diffuser des photos de ton accord avec la cause vietnamienne).

Il y a un autre problème en plus, et qu'on ne peut pas éviter. Nous sommes deux garçons qui avons tourné *Tout va bien*, et tu es une fille. Au Vietnam, la question ne se pose pas comme ça, mais ici, oui. Et en tant que femme tu seras certainement un peu, ou beaucoup blessée par le fait que nous allons critiquer un peu, ou beaucoup, ta façon de jouer dans cette photo. Blessée parce que c'est encore toujours les mecs qui se débrouillent pour attaquer les filles. Rien qu'à cause de ça, on espère que tu pourras venir répondre de vive voix à notre lettre au fur et à mesure que nous irons la lire dans deux ou trois endroits aux USA.

Mais c'est vrai aussi qu'aux USA et en Europe, on en est encore là (ou déjà là). Et toi et nous, on est dans le même bain, un grand bain/bordel dont cette photo peut servir de révélateur. Nous partons de là. De toi aux USA. De nous à Paris. De toi et nous à Paris. De toi au Vietnam. De nous à Paris qui te regardons au Vietnam. De nous qui allons aux USA. Et de tout le monde ici dans cette salle de cinéma en train de nous écouter et de te regarder. Nous partons de tout ça. Tout ça est organisé d'une certaine façon, fonctionne d'une certaine façon. Nous avons envie d'en discuter, de partir de là. De partir de *Tout va bien*, d'aller au Vietnam, de revenir à *Tout va bien*, c'est-à-dire de revenir du Vietnam dans cette salle où l'on projette *Tout va bien*, et après de rentrer chez soi, et demain de retourner à l'usine.

Pour discuter de tout ça, on glisse aux gens cette photo sous les yeux. Ou plutôt, on la re-glisse. Car les Nord-Vietnamiens et toi l'aviez déjà glissée. Autrement dit, on demande, et on se demande : est-ce qu'on avait regardé cette photo ? qu'est-ce qu'on avait vu dans cette photo ? et sous chaque question on découvre une autre question. Par exemple : comment avons-nous regardé cette photo ? comment notre regard a-t-il fonctionné en regardant cette photo ? et qu'est-ce qui fait qu'il fonctionne comme ça et pas autrement ? et encore une autre question : qu'est-ce qui fait que notre voix traduit notre regard muet de cette façon et pas d'une autre ?

Et il se trouve justement que toutes ces questions sont posées par *Tout va bien*. Ces questions peuvent se résumer à la grande question du rôle des intellectuels dans les luttes révolutionnaires. Ou plutôt, cette grande et fameuse question des intellectuels, on commence à voir qu'elle se bloque elle-même en se posant telle quelle. Et qu'elle bloque les autres. Et finalement que ce n'est plus une question qui appartient au camp de la révolution. La question actuelle de la révolution (on va le découvrir à propos de cette photo, puis à propos du film), ce serait plutôt : comment changer le vieux monde ? Et on voit tout de suite que le vieux monde du Vietcong n'est pas le même que le vieux monde d'un intellectuel occidental, que le vieux monde d'un Palestinien n'est pas le même que celui d'un enfant noir du ghetto, que le vieux monde d'un OS de Renault n'est pas le même que celui de sa petite amie.

On voit que cette photo donne donc une réponse pratique à cette question de changer le vieux monde. On va donc examiner cette photo/réponse, on va enquêter sur elle. On va relever des indices. On va les analyser et les synthétiser. On va essayer d'expliquer l'organisation des éléments qui composent cette photo. On va expliquer ça d'une part comme s'il s'agissait d'un noyau physico-photographique, et d'autre part comme s'il s'agissait d'une cellule photographico-sociale. Ensuite, on essayera de faire un rapport entre l'enquête scientifique et l'enquête plus directement politique (« d'où viennent les idées justes : de la lutte pour la production, de la lutte des classes, et de l'expérimentation scientifique », Mao).

Faire cette enquête, interroger cette photo, qu'est-ce que c'est sinon essayer de savoir comment a été donnée (dans les conditions de la lutte au Vietnam) la réponse que donne cette photo. On verra alors si cette réponse est entièrement satisfaisante pour tout le monde (pour qui ? contre qui ?) et si peut-être d'autres questions ne se mettent pas à surgir, celles-là mêmes que pose tant bien que mal *Tout va bien*.

On verra par exemple qu'en ce qui concerne une partie importante de la photo (l'expression de l'actrice, le rapport bouche/regard), en Europe occidentale, à notre avis, on ne peut s'en satisfaire au même titre que ses acteurs, ceux qui ont pris cette photo, ou décidé de la prendre (le collectif Nord-Vietnam/Vietcong, ce qui à première vue est absolument normal, les conditions étant différentes ; mais encore faudra-t-il se pencher attentivement et aussi obstinément qu'eux sur ce qui conditionne ce « normal »).

Dire cela, ce n'est pas faire simplement comme la plupart des partis communistes d'Occident et leurs supporters (le pape, l'ONU, la Croix-Rouge) qui disent simplement : aidons le Vietnam à faire la paix. Dire ce que nous avons dit, c'est dire au contraire quelque chose de bien plus précis. Par exemple : aidons l'alliance Vietnam du Nord et Vietnam du Sud à faire la paix. Et encore plus précisément : puisque le Vietnam en changeant son vieux monde nous aide à changer le nôtre, comment pouvons-nous l'aider réellement en retour ; et puisque le collectif Vietcong/Nord-Vietnam lutte, critique et transforme le Sud-Est asiatique, comment pouvons-nous lutter à notre place pour changer d'Europe et d'Amérique ?

Bien sûr, c'est un peu plus long à dire (que : paix au Vietnam) et plus minutieux à faire (que : créer deux ou trois Vietnam), et c'est pour ça que Marx réclamait déjà (dans la préface de la première édition du *Capital*)

Anne Wiazemsky dans *La Chinoise*. Collection Christophe L.

Anne Wiazemsky, Juliet Berto, Michel Séméniako, Jean-Pierre Léaud dans *La Chinoise*. Collection Cahiers du Cinéma.

Bibi Anderson et Liv Ulmann dans *Persona* de Ingmar Bergman. Collection
Christophe L.

Mireille Darc et Jean Yanne dans *Week - End*. Collection Cahiers du Cinéma.

Anne Wiazemsky dans *One + One*. Collection Cahiers du Cinéma.

Sur le tournage de *One + One*. Collection Cahiers du Cinéma.

Juliet Berto et Jean-Pierre Léaud dans *Le gai Savoir*. Collection Cahiers du Cinéma.

Le gai Savoir. Collection Christosphe L.

Ici et ailleurs. M. K. 2. Diffusion. © Télérama.

Photo parue dans *L'Express* du 31 juillet 1972 : Jane Fonda interrogeant des habitants de Hanoî sur les bombardements américains. Gérard Guillaume/Magnum.

Cristiana Tullio Altan dans *Luttes en Italie*. Collection Cahiers du Cinéma.

Vent d'Est. Collection Cahiers du Cinéma.

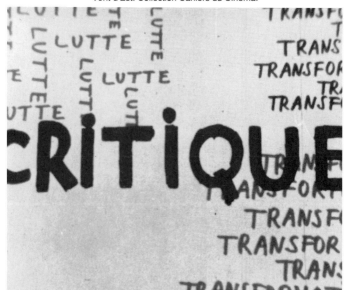

Yves Montand et Jane Fonda *dans Tout va bien*. Collection Christophe L.

Numéro deux. Collection Cahiers du Cinéma.

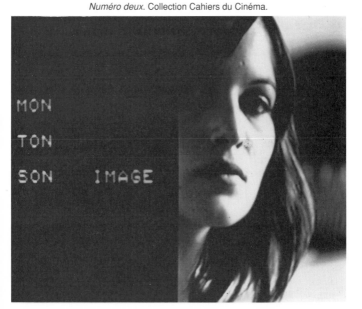

France tour détour deux enfants. Collection Cahiers du Cinéma.

Jean-Luc Godard. Collection Cahiers du Cinéma.

des lecteurs n'ayant pas peur des « minuties » pour renverser « le roi de l'enfer et libérer les diablotins ».

Mis en face de cette photo par toi, Jane, et les Vietnamiens, il y a quelques mois, remis en face pour nous aujourd'hui, chacun peut, s'il le veut bien, faire sa propre enquête. On pourra comparer ensuite librement les résultats. On pourra prendre la parole sans pour autant l'enlever à ceux qui écoutent. Bref, on pourra peut-être, un court instant, dire un peu moins de sottises à propos de nous et de la révolution.

Encore une chose. Afin que tu ne te sentes pas attaquée personnellement (mais sans pouvoir l'éviter vraiment, et on pense que la question est mal posée de cette façon, et qu'à la fin de cette lettre on aura aussi fait des progrès là-dessus, et c'est pour ça qu'on aurait très besoin que tu viennes nous répondre directement, car nous ne t'écrirons pas seulement en tant que réalisateurs de *Tout va bien,* mais aussi en tant que lecteurs de cette photo, et tu devras reconnaître que c'est la première fois que des gens qui ont vu une photo de toi t'écrivent de cette façon à propos de cette photo de toi qu'ils ont vue dans un journal), afin que tu ne te sentes pas directement visée, comme on dit, que tu sentes qu'on vise non pas Jane mais une fonction de Jane Fonda, en interrogeant cette photo, on parlera de toi à la troisième personne. On ne te dira pas Jane a fait ci ou Jane a fait ça, on dira l'actrice ou la militante, ainsi d'ailleurs que le fait le texte qui accompagne la photo.

Voici donc, à notre avis, quels sont les principaux éléments (et les éléments d'éléments) qui jouent un rôle important dans cette photographie parue dans le journal français *L'Express,* du début du mois d'août 1972.

Éléments élémentaires

— Cette photo a été prise à la demande du gouvernement du Nord-Vietnam, représentant à cette occasion l'alliance révolutionnaire des peuples du Vietnam du Sud et du Vietnam du Nord.

— Cette photo a été prise par Joseph Kraft qui est défini sous la photo par un texte qui n'est pas rédigé par ceux qui ont participé à l'enregistrement de la photo, mais par ceux qui la diffusent ; c'est-à-dire par un texte rédigé par un ou plusieurs rédacteurs de *L'Express* sans en avoir référé à la délégation nord-vietnamienne en France (nous avons vérifié).

— Ce texte dit qu'il s'agit d'un journaliste américain des plus connus et des plus mesurés (connus et mesurés). Ce texte dit également que l'actrice est une militante acharnée pour la paix au Vietnam (militante pour la paix au Vietnam). Ce texte ne parle pas des Vietnamiens que l'on voit sur la photo. Par exemple, ce texte ne dit pas : le Vietnamien que l'on ne voit pas au fond est l'un des Vietnamiens les moins connus et les moins mesurés.

— Cette photo, comme toute photo, est physiquement muette. Et elle parle par la bouche de la légende inscrite en dessous. Cette légende ne souligne pas, ne re-dit pas (car la photo parle et dit des choses à sa manière) que la militante occupe le premier plan et le Vietnam l'arrière-plan. Cette légende dit que : « Jane Fonda interroge des habitants de Hanoi. » Mais le journal ne publie pas les questions posées ni les réponses données par les représentants sur cette photo du peuple vietnamien.

— On peut déjà remarquer que cette légende, en fait, ment techniquement. En effet, la légende n'aurait pas dû être : « Jane Fonda interroge », mais : « Jane

Fonda écoute. » Cela crève les yeux aussi sûrement qu'un rayon laser. Et peut-être que cette écoute n'a duré que 1/250e de seconde, mais c'est ce 1/250 qui est enregistré et diffusé.

— Sans doute que la légende, en parlant ainsi, veut-elle simplement dire qu'il s'agit d'un instantané pris au cours d'une discussion où l'actrice/militante interrogeait réellement des habitants de Hanoi, et qu'il ne faut pas attacher d'importance à ce détail de la bouche fermée. Mais nous verrons plus loin qu'il ne s'agit pas d'un hasard, ou plutôt, que s'il s'agit d'un hasard, il est ensuite exploité à l'intérieur de la nécessité capitaliste, de la nécessité pour le capital de masquer le réel au moment même où il le démasque, bref, de « tromper » sur la marchandise.

Éléments moins élémentaires

— La position de l'appareil de prise de vue est du type dit : contre-plongée. Ce n'est pas actuellement, dans l'histoire de la prise de vue, une position innocente (elle avait très bien été définie technico-socialement, quoique inconsciemment, par Orson Welles dans ses premiers films). Aujourd'hui, par exemple, le fasciste Clint Eastwood est toujours filmé en contre-plongée.

— Le choix du cadre n'est pas non plus innocent ou neutre : on cadre l'actrice qui regarde et pas ce que regarde l'actrice. On la cadre donc comme si elle était la vedette. Et ceci parce qu'en fait l'actrice est une vedette connue internationalement. Bref, d'une part, on cadre la vedette en train de militer, et d'autre part, dans le même mouvement, on cadre aussi en vedette la militante. Ce qui n'est pas pareil. Ou plutôt, ce qui peut être pareil au Vietnam, mais pas en Europe ou aux USA.

— A la page suivante, on voit d'ailleurs non pas ce

qu'a regardé la militante sur cette photo, mais ce qu'elle a vu à d'autres moments. A notre avis, c'est la même chaîne d'images du même type que celles transmises par les chaînes de télévision et journaux du monde « libre ». Des images comme on en a vu des centaines de milliers de fois (autant de fois que de bombes) et qui ne font rien changer, sauf chez ceux qui luttent pour organiser cette chaîne d'images d'une certaine façon, la leur (les 7 points du GRP). En vérité, si ce reportage était signé Dupont ou Smith, à notre avis, les mêmes journaux le refuseraient comme trop banal. Effectivement, il doit être banal pour des enfants d'une communauté agricole à la périphérie de Hanoi, de reconstruire, par exemple, pour la vingtième fois leur école détruite par les Phantoms du docteur Kissinger. Mais de cette banalité extraordinaire, bien sûr, personne ne parlera, ni la militante mise en vedette, ni *L'Express*.

— Rien non plus ne sera dit sur ce qu'ont pu se dire l'actrice américaine et ses sœurs, les actrices vietna- miennes que l'on peut voir aussi en photo la page d'après. L'actrice américaine a-t-elle demandé com- ment on joue au Vietnam, ou comment quelqu'un qui joue à Hollywood peut-il jouer lorsqu'il est à Hanoi, et qu'il en repart pour Hollywood ? Tout ça, si *L'Express* n'en parle pas, à notre avis, c'est parce que l'actrice américaine n'en dit rien non plus.

— Il est vrai que la militante a parlé des bombes à billes et des digues. Mais il ne faut pas oublier que la militante est aussi une actrice, ce que n'est pas le tribunal Russel ni Ramsey Clarke par exemple. Et qu'on doit à notre avis tenir compte du fait que c'est parce qu'elle est une actrice qu'il faut faire attention à la Maison Blanche qui aura beau jeu, si on la laisse faire, de dire que cette actrice a été manipulée, et qu'elle récite un texte par cœur. De telles critiques peuvent facilement démolir tous les efforts de l'actrice et de la militante. Et il faut voir pourquoi cette démolition est possible. A notre avis, dans le cas présent, c'est parce que l'actrice militante n'a pas parlé des digues en partant, par exemple, d'une actrice vietnamienne qui les répare et les colmate d'abord, et ensuite donne une représentation théâtrale dans le village menacé par la rupture des digues.

— Il nous semble déjà à ce propos que si la militante partait de l'actrice (et c'est ce que font à leur niveau les Vietnamiens qui l'emploient) elle pourrait commencer à jouer son rôle historiquement (historiquement) autrement qu'à Hollywood. Peut-être que les Vietnamiens n'en ont pas encore directement besoin dans ce domaine, mais probablement que les Américains oui, et donc indirectement les Vietnamiens (on retrouve ici la nécessité du détour. Les Vietnamiens sont obligés de faire un détour par les USA).

— Sur cette photo, sur ce reflet de la réalité, deux personnes sont photographiées de face, les autres de dos. De ces deux personnes, l'une est nette, l'autre est floue. Sur la photo, c'est l'Américaine célèbre qui est nette, et le Vietnamien anonyme qui est flou. Dans la réalité, c'est la gauche américaine qui est floue, et la gauche vietnamienne extraordinairement nette. Mais dans la réalité, c'est aussi la droite américaine qui est toujours extraordinairement nette, alors que la droite vietnamienne, la « vietnamisation » est déjà de plus en plus floue. Que penser maintenant de la « mesure » de Joseph Kraft qui a mesuré toutes les contradictions, et qui a réglé le diaphragme et la distance en conséquence. Tout ça a été mesuré, on l'a vu à propos du cadre, dans un certain but, faire le point sur la star en train de militer, et obtenir ainsi un certain produit, une certaine idée/marchandise, et cela de nouveau dans un certain dessein. La production de ce produit, rappelons-le, est directement contrôlée par le gouvernement du Vietnam du Nord. Mais sa diffusion hors Vietnam ne l'est plus, ou très indirectement (nous ne parlons même pas de l'action en retour de cette diffusion sur la production). Cette diffusion est contrôlée par la chaîne des télévisions et journaux du monde « libre ». Il y a donc une partie du dessin qui échappe aux dessinateurs. Quelle partie ? Et de quelle partie de quel jeu s'agit-il ? Et joué par qui ? pour qui ? contre qui ? Disons seulement déjà (on y reviendra plus loin) que si on examine le rapport net/flou exprimé par ces deux visages, on s'aperçoit d'une chose extraordinaire : c'est le visage flou qui est le plus net, et le visage net qui est le plus flou. Le Vietnamien peut se permettre d'être flou parce qu'il est net depuis longtemps dans la réalité. L'Américain est obligé d'être net (et c'est le flou vietnamien qui l'y oblige d'une manière très nette). L'Américain est obligé de faire nettement le point sur son flou réel.

Éléments d'éléments

— Cette photo redouble une autre photo de l'actrice qui faisait la couverture du même numéro de *L'Express*. Ce terme de couverture en dit long, si on prend la peine de voir qu'une photo peut recouvrir tout autant qu'elle découvre. Elle impose le silence en même temps qu'elle parle. A notre avis, c'est l'une des bases techniques du double aspect Jekyll et Hyde, capital fixe et capital variable, que prend l'information/déformation quand elle se transmet par images/sons à l'époque qui est la nôtre, celle du déclin de l'impérialisme et de la tendance générale à la révolution.

— La gauche américaine dit souvent que la tragédie

n'est pas au Vietnam mais aux USA. L'expression du visage de la militante sur cette photo est effectivement une expression de tragédienne. Mais une tragédienne socialement et techniquement formée par ses origines, c'est-à-dire formée/déformée à l'école hollywoodienne du show-biz stanislavskien.

— L'expression de la militante était la même dans *Tout va bien*, bobine 3, lorsque, actrice, elle écoutait une figurante chanter un texte de *Lotta Continua*.

— Ce type d'expression, l'actrice l'avait aussi lorsque, dans *Klute*, elle regardait d'un air apitoyé et tragique son ami, un policier joué par Donald Sutherland, et qu'elle se décidait à passer la nuit avec lui.

— D'autre part, c'est déjà le même type d'expression qu'empruntait dans les années 40 Henry Fonda pour jouer le travailleur exploité des *Raisins de la colère* du futur fasciste Steinbeck. Et plus loin encore dans l'histoire paternelle de l'actrice à l'intérieur de l'histoire du cinéma, c'est aussi l'expression qu'Henry Fonda avait empruntée pour lancer des regards profonds et tragiques sur les Noirs dans *Young Mr. Lincoln* du futur amiral d'honneur de la Navy, John Ford.

— D'autre part encore, on retrouve cette expression dans le camp opposé, lorsque John Wayne s'apitoie sur les ravages de la guerre au Vietnam dans *Les Bérets verts*.

— A notre avis, cette expression est empruntée (intérêt) au masque échangiste du New Deal rooseveltien. En fait, c'est une expression d'expression, et elle est apparue par un hasard nécessaire au moment de la naissance économique du cinéma parlant. C'est une expression qui parle, mais qui ne parle que pour dire qu'elle en sait long (sur le krach de Wall Street par exemple) mais qui ne dira rien de plus. C'est à cause de ça, à notre avis, que cette expression rooseveltienne diffère techniquement des expressions qui l'ont précédée dans l'histoire du cinéma, les expressions des grandes stars du muet, Lillian Gish, Rudolph Valentino, Falconetti et Vertov, pendant qu'on entend les mots : film = montage du je vois. Il n'y a qu'à faire l'expérience, et faire regarder à tous ces visages une photo d'atrocités au Vietnam, pas un n'aura la même expression.

— C'est qu'avant le parlant, le cinéma muet avait une base de départ technique matérialiste. L'acteur disait : je suis (filmé) donc je pense (je pense au moins que je suis filmé), c'est parce que j'existe que je pense. Après le parlant, il y a eu un New Deal entre la matière filmée (l'acteur) et la pensée. L'acteur s'est mis à dire : je pense (que je suis un acteur) donc je suis (filmé). C'est parce que je pense que je suis.

— Comme on vient de le voir dans cette expérience qui approfondit celle de Koulechov, avant l'expression du New Deal, chaque acteur du muet avait sa propre expression, et le cinéma muet avait de véritables bases populaires. Au contraire, lorsque le cinéma parlera comme le New Deal, chaque acteur se mettra à parler la même chose. On peut refaire la même expérience avec n'importe quelle vedette du cinéma, du sport, ou de la politique (quelques inserts de Raquel Welch, Pompidou, Nixon, Kirk Douglas, Soljenitsyne, Jane Fonda, Marlon Brando, d'officiels allemands à Munich 72, pendant qu'on entend les mots : je pense, donc je suis, et qu'on voit en contrechamp des cadavres vietcongs).

— Cette expression qui en dit long mais qui n'en dit pas plus ou pas moins, c'est donc une expression qui n'aide pas le lecteur à voir plus clair dans ses obscurs problèmes personnels (à voir en quoi le Vietnam peut les éclairer, par exemple). Pourquoi donc s'en contenter et dire : c'est déjà quelque chose, il y a un petit truc qui passe (tout le discours du syndicat dans *Tout va*

bien, bobine 3). Et pourquoi si l'actrice n'est pas
encore capable de jouer autrement (et nous, nous ne
sommes pas encore capables de l'aider correctement à
jouer autrement) pourquoi, sur ce terrain, les Nord-
Vietnamiens s'en contenteraient-ils ? En tout cas,
pourquoi nous, nous contenterions-nous du contente-
ment des Vietnamiens là-dessus. A notre avis, nous
risquons de leur faire plus de mal que de bien en nous
fabriquant une bonne conscience à si bon marché (dit
en termes scientifiques : le mouvement qui va de la
néguentropie à l'information ne coûte pas cher). Après
tout, c'est aussi à nous que cette expression s'adresse, à
nous qui faisons l'effort de la regarder une deuxième
fois. C'est à nous que ce regard et cette bouche ne
disent rien, se vident de sens, comme celles des enfants
tchèques devant les chars grand-russiens, ou les gros
petits ventres du Biafra et du Bengla-Desh, ou les
pieds des Palestiniens dans la boue soigneusement
entretenue par l'UNWRA. Vide de sens, attention,
pour le capital qui sait brouiller les pistes, qui sait
remplir d'un sens vide le regard réel de ses futurs
ennemis déjà présents, et qu'il faut donc « absenter »,
faire regarder nulle part.

— Comment lutter contre cet état de fait ? Non pas
en cessant de publier ces et cette photo en question (il
faudrait immédiatement supprimer la totalité des émissions de télé et radio, dans presque tous les pays du
monde, ainsi que les journaux de toutes sortes, ce qui
est une utopie). Non. Mais on peut les publier
autrement. Et c'est dans cet « autrement » que les
vedettes, à cause de leur poids monétaire et culturel,
ont un rôle à jouer. Un rôle écrasant, comme on dit. Et
la vraie tragédie, c'est qu'ils ne savent pas comment
jouer ce rôle écrasant. C'est encore les Vietnamiens qui
se dévouent, eux, les vedettes de la guerre révolutionnaire d'indépendance. Comment jouer ce rôle ? Que

faire pour apprendre à le jouer ? Beaucoup de questions se posent encore en Europe et aux USA avant de pouvoir répondre clairement. Nous en posons quelques-unes dans *Tout va bien* (comme Marx, à son époque, en partant de l'*Idéologie allemande* arrivait à poser la question de la *Misère de la philosophie* contre Proudhon qui ne savait que philosopher sur la misère).

— Si on regarde attentivement le Nord-Vietnamien derrière l'actrice américaine, on s'aperçoit très vite que son visage exprime tout autre chose que celui de la militante américaine. On a beau ne pas voir ce qu'il regarde, si on l'isole et le cadre seul, on s'aperçoit que son visage renvoie à ce à quoi il fait face chaque jour : des bombes à fragmentations, des digues et des femmes éventrées, la maison à reconstruire pour la dixième fois, ou l'hôpital, la leçon à apprendre (Lénine disait : « Première leçon : apprendre, deuxième leçon : apprendre, troisième leçon : apprendre »). Et le renvoi immédiat de ce visage à la lutte quotidienne est possible pour une raison très simple : ce n'est pas seulement un visage de révolutionnaire, mais un visage de révolutionnaire vietnamien. Un long passé de luttes est inscrit cruellement depuis longtemps sur ce visage par l'impérialisme français, japonais et américain. En vérité, ce visage est reconnu depuis longtemps comme le visage de la révolution partout dans le monde, même par ses ennemis. N'ayons pas peur des mots : c'est un visage qui a déjà conquis l'indépendance de son code de communication. N'importe quel autre visage de révolutionnaire actuellement ne pourrait pas renvoyer comme lui immédiatement au combat quotidien. Simplement parce que n'importe quelle révolution, exceptée la chinoise, n'a pas encore fait la longue marche de la révolution vietnamienne. Faisons l'expérience. Ce Noir, nous ne pouvons pas dire immédiatement pourquoi il lutte, où et comment : à Detroit, sur les chaînes de la Chrysler pour un meilleur salaire et des cadences moins abrutissantes ? à Johannesburg, pour avoir le droit d'entrer dans un cinéma où les Blancs projettent des films de Blancs ? Et cet Arabe, et ce Sud-Américain, et cette Européenne, et cet enfant américain ? Il nous faut avoir le courage de dire que nous n'avons rien à dire en les regardant, à moins qu'il y ait une légende dessous qui balbutie des sottises ou des mensonges que nous reprendrons à notre compte, et il faut avoir le courage de dire que ce courage n'est qu'un aveu de faiblesse : on est battu, on n'a rien à dire. Au contraire devant ce visage vietnamien, aucune légende n'est nécessaire : partout dans le monde, on dira : « C'est un Vietnamien, et les Vietnamiens se battent pour foutre les Américains en dehors de l'Asie. »

— Isolons au contraire le visage de l'actrice américaine. On voit très vite qu'il ne renvoie à rien, ou plutôt, qu'il ne renvoie à rien d'autre qu'à lui-même, mais un lui-même qui n'est nulle part, perdu dans l'immensité infinie de la tendresse éternelle d'une Pietà de Michel-Ange. Visage de femme qui ne renvoie à aucune femme (le visage du Vietnamien était une fonction qui renvoyait à du réel, alors que le visage de l'Américaine est une fonction qui ne renvoie qu'à une fonction). Visage qui pourrait être celui d'une hippie manquant de drogue, d'une étudiante d'Eugene, Oregon, alors que son favori Préfontaine vient de perdre le 5 000 mètres olympique, d'une amoureuse plaquée par son mec, et aussi d'une militante au Vietnam. C'est trop. Il y a trop d'information dans un trop petit espace/temps. Nous sommes en même temps sûrs qu'il s'agit d'une militante pensant au Vietnam et pas sûrs du tout parce qu'elle pourrait penser à tout autre chose comme on vient d'en faire la preuve. Alors il faut bien finir par se poser la question : comment se fait-il que la photo d'une militante (ou actrice) ne pensant pas

forcément au Vietnam soit précisément publiée à la
place de celle d'une actrice (ou militante) pensant
forcément au Vietnam. Car la réalité de cette photo est
là : un maquillage de star mis à nu par son démaquil-
lage même. Mais cela n'est pas dit par *L'Express,* car ce
serait un début de révolution dans le journalisme. Ce
serait un début de révolution de dire en Europe et aux
USA qu'il n'est actuellement pas possible de prendre
une photo de quelqu'un pensant à quelque chose
(Vietnam, baiser, Ford, usine, la plage, etc.).

— On nous dira que nous avons eu tort d'isoler une
partie de la photo alors que cette partie n'est pas seule à
être publiée. C'est un très mauvais argument. Nous
l'avons isolée précisément pour montrer qu'elle était
seule en fait, et que c'est dans cette solitude qu'est la
tragédie. Car si on a pu isoler ce visage, c'est aussi qu'il
s'est laissé facilement faire, au contraire du visage
vietnamien qui ne se laisse pas isoler, même seul, de
son entourage.

— Cette expression employée par l'actrice, nous la
connaissons depuis longtemps en France. C'est celle
du cogito cartésien : je pense, donc je suis, momifiée
par Rodin et son penseur. Mieux vaudrait promener la
célèbre statue dans toutes les grandes et petites catas-
trophes pour apitoyer les foules. La supercherie de
l'art capitaliste, de l'humanisme capitaliste éclaterait
tout de suite. Il faut bien voir qu'une vedette ne peut
pas penser, car c'est une fonction sociale : elle est
pensée, et elle fait penser (il suffit de voir des penseurs
comme Marlon Brando ou Pompidou jouer comme ils
le font pour comprendre pourquoi le capital a besoin
de l'appui d'un art de cette sorte pour augmenter la
force de la philosophie idéaliste dans son combat
contre la philosophie matérialiste des Marx, Engels,
Lénine et Mao, représentant leurs peuples dans ce
domaine).

— Nous venons de dire : isolons au contraire le visage de l'actrice américaine. Isolons maintenant les mots « au contraire » dans cette phrase (isoler, diviser : division révolutionnaire, disait Lénine, qui combat contre la division capitaliste du travail). On voit alors que la figure de la militante américaine et celle du Nord-Vietnamien sont des figures contraires. Et ce qui se passe réellement dans la réalité imaginaire de cette image, à notre avis, c'est la lutte de ces contraires.

— L'œil américain se contente de *lire* le mot « horreur » au Vietnam. L'œil vietnamien *voit* la réalité américaine dans toute son horreur. Derrière la figure de ce figurant vietnamien figure alors déjà la merveilleuse et formidable machine *montée* par le collectif Nord-Vietnam / Vietcong.

— Derrière la figuration de cette vedette figure encore l'ignoble et redoutable machine capitaliste, remplie d'une expression cyniquement humble et de confusion dans la clarté (voir à ce propos le film de Lelouch, *L'Aventure, c'est l'aventure*). Bref, lutte entre encore et déjà, lutte entre l'ancien et le nouveau. Lutte qui ne se circonscrit pas à la production de la photo, mais continue dans la distribution de cette photo, dans le fait qu'on la regarde en ce moment. Lutte entre la production et la diffusion, selon qui commande à l'une et à l'autre, le capital ou la révolution.

Autres éléments d'éléments

— En prenant le risque de faire diffuser cette photo, les Nord-Vietnamiens ont raison. Ou plutôt, ils ont leurs raisons. Cette photo joue un rôle de petite vis dans le mécanisme de développement de leur actuelle offensive diplomatico-militaire.

— Cette photo est l'une des milliers de celles

données avec son sang par le peuple vietnamien pour répliquer du tac au tac aux crimes de guerre US. Remarque au passage, Jane, que le collectif Vietcong/Nord-Vietnam publie rarement dans ses documents des atrocités mais souvent des combats.

— Pour donner cette réplique, ici, le gouvernement nord-vietnamien, représentant de son peuple, représenté ici par le Comité pour l'amitié avec le peuple américain, a engagé l'actrice Jane Fonda. Il s'agit bien de jouer un rôle.

— Contrairement à beaucoup d'autres Américains, l'actrice américaine a accepté de jouer ce rôle, et s'est déplacée pour cela. Elle est venue à Hanoi se mettre au service de la révolution vietnamienne. Maintenant peut donc se poser la question : comment se met-elle au service ? C'est-à-dire précisément : comment joue-t-elle ce rôle ?

— L'actrice américaine au travail dans cette photo sert le peuple vietnamien dans sa lutte pour l'indépendance, mais elle ne le sert pas seulement au Vietnam, mais aux USA en particulier, et en Europe aussi, puisque la photo est parvenue jusqu'à nous. C'est-à-dire que nous, qui regardons cette photo depuis ici, nous sommes librement obligés de demander : cette photo nous sert-elle, nous ? et d'abord : nous sert-elle à servir le Vietnam (et c'est le Vietnam qui nous oblige à poser cette question).

Éléments synthétisés

— Ni *L'Express* ni la militante américaine n'ont fait de différence entre « Jane Fonda parle, interroge », et « Jane Fonda écoute ».

— Pour les Vietnamiens, le fait qu'elle parle (et peu importe pour eux, à notre avis, qu'elle parle ou écoute, car le silence est aussi éloquent, mais ce n'est pas dit) est pour l'instant, à cette époque historique de leur combat, l'élément principal. L'important est qu'elle soit là.

— Mais ici, en 1972, l'élément principal n'est pas forcément le même. Il nous faut savoir quelle force est à l'œuvre derrière ce « forcément ».

— Nous avons donc été obligé de relever que la légende sous la photo mentait quand elle disait que l'actrice parlait aux habitants d'Hanoi alors que la photo montrait que la militante écoutait. Et il est important pour nous (qui avons besoin de la vérité contradictoire de cette photo et pas de sa vérité éternelle) de relever que *L'Express* ment à tous les niveaux, mais il est important d'ajouter aussi que si le journal peut mentir, c'est que la photo le lui permet. En fait, *L'Express* profite (perte et profit) de l'autorisation implicite de cette photo pour dissimuler le fait que la militante écoute. Car en disant qu'elle parle, et qu'elle parle de paix au Vietnam, *L'Express* pourra ne pas dire de quelle paix il s'agit, laissant ce soin à la photo, comme s'il allait de soi que la photo précisait d'elle-même de quel genre de paix il s'agit, alors que nous avons trouvé qu'il n'en est rien. Mais si *L'Express* peut agir ainsi, c'est probablement parce que l'actrice américaine ne milite pas autrement qu'en disant : « Paix au Vietnam », qu'elle ne se demande pas quelle paix exactement, et en particulier, quelle paix en Amérique. Et si elle ne se demande pas encore, ou qu'elle n'y parvient pas, ce n'est pas parce qu'elle agit encore en tant qu'actrice et pas en tant que militante, mais bien au contraire parce qu'en tant que militante elle ne se pose encore aucune question de style nouveau sur son fonctionnement d'actrice, et socialement, et techniquement. Bref, elle ne milite pas en tant qu'actrice, alors que les Nord-Vietnamiens l'ont justement invitée en tant que telle, en tant qu'actrice militante. Bref, elle parle d'ailleurs et pas de là où elle est, en Amérique, ce qui intéresse les Vietnamiens au premier chef. D'où le fait qu'elle aussi dissimule le fait que le plus important est qu'elle écoute sur cette photo, qu'elle écoute le Vietnam avant d'en parler, alors que précisément Nixon, Kissinger et l'infâme Porter n'écoutent rien, ne veulent absolument rien écouter avenue Kléber. D'où leurs mascarades qu'il s'agit aussi de démasquer. Et démasquer Nixon, ce n'est pas dire : « Paix au Vietnam. » Car lui aussi le dit (et Brejnev aussi). Il faut dire le contraire de lui. Il faut dire : « J'écoute les Vietnamiens qui vont me dire quelle paix ils veulent dans leur pays. » Il faut dire : « En tant qu'Américain, je ferme ma gueule car je reconnais que je n'ai rien à dire là-dessus, c'est aux Vietnamiens à dire ce qu'ils veulent, à moi de les écouter, et ensuite à faire ce qu'ils veulent car je n'ai rien à voir avec l'Asie du Sud-Est. » Le reste est mascarade. Mais encore une fois, ce n'est pas un truc dans ce genre qui est dit.

— Nous ne sommes pas contre les masques (« la révolution s'avance masquée », disait autrefois Régis Debray à propos de Cuba. Et Marx et Engels en 1848 : « un spectre hante l'Europe, le spectre du communisme »), mais nous ne pouvons pas ne pas poser les questions : quoi masque qui ? qui masque quoi ? pour et contre qui ? C'est à ce moment-là qu'on pourra décider de l'utilité sociale du masque, de sa nécessité, stratégique et tactique, car nous voulons être les acteurs de notre propre histoire, nous Jean-Pierre et Jean-Luc, de la nôtre, comme toi de la tienne, Jane (et ne peut-on pas regarder les guerres de libération du mouvement ouvrier comme des histoires que leurs acteurs veulent réaliser eux-mêmes et sans obéir au scénario dicté par le Capital et la CIA). A ce moment-là

seulement, on pourra décider exactement de l'utilité
sociale de l'acteur sur tel ou tel terrain des luttes. En
termes économiques, on pourra décider de sa valeur
d'usage, c'est-à-dire de l'utilité sociale de l'échange de
regard rendu par cette photo, et ne plus croire
automatiquement à sa seule valeur d'échange.

— Il se peut donc que le Vietnam perde à long
terme ce qu'il gagne à court terme dans la publicité
donnée à un échange de regard entre une star américaine et une habitante de Hanoi bombardée. Car la
vraie question devient : qui contrôle l'échange, et dans
quel but.

Premières conclusions

— « Finalement », disent les romanciers et les philosophes. « En fin de compte », disent les banquiers.
On voit que cette enquête sur cette photo se résume à
poser correctement, à exposer correctement (on reste
dans le domaine de la photographie) le problème de la
vedette. Est-ce que c'est les vedettes, les héros, qui
font l'Histoire, ou est-ce les peuples ?
— Il faudra poser par la même occasion la question
du délégué, la question de la représentation. Qui
représente quoi, et comment ? « Je représente la classe
ouvrière allemande » a dit le Parti communiste alle-
mand avant de fournir le gros de ses troupes aux futurs
encerclés de Stalingrad. « Je représente le socialisme »,
dit un jeune kibboutzim qui plante pour rien des
oranges en terre arabe pour le plus grand profit de la
banque Léoumi. « Je représente la stabilité américaine » dit Richard Milhous Nixon. Bref, il y en a qui
représentent des aspirateurs, et d'autres des aspirations.
Ce sont les mêmes.

— Il nous a semblé utile, pour s'y retrouver un peu, de faire ce que ne font jamais les journalistes, interroger une photo qui, elle aussi, représente la réalité ; et pas n'importe quelle photo, pas n'importe quelle réalité. Donc pas n'importe quelle représentation.

Deuxièmes conclusions

Notre désir d'interroger cette photo n'est pas né par hasard. La machine de *Tout va bien* fonctionne aussi avec des vedettes. Et même des vedettes de vedettes puisqu'il s'agit d'un couple amoureux (la vedette des scénarios dans le système impérial hollywoodien) interprété par deux stars du système capitaliste et couplées avec un réalisateur vedette. Or que font toutes ces vedettes dans le film sinon écouter le bruit d'une grève ouvrière, tout comme Jane Fonda écoute le bruit de la révolution vietnamienne sur la photo. Mais sur la photo, on ne le dit pas. Dans le film, on le dit.

— En fait, on peut déjà dire que ce qui intéresse les Vietnamiens, c'est d'avoir déplacé une vedette américaine. C'est dans le déplacement de cette vedette qu'ils montrent leur force et la justesse de leur cause. Mais c'est aussi au cours de ce déplacement que les troupes du capital en profitent pour attaquer. Et nous, nous devons profiter de ce déplacement forcé du capital pour attaquer à notre tour.

— A notre avis, à la place de cette photo, il y aurait dû y avoir côte à côte les deux photos qui sont dans cette photo : l'ancienne photo et la nouvelle photo, avec, sous l'ancienne photo une nouvelle légende, et sous la nouvelle photo une ancienne légende.

— Ça donnerait par exemple ceci : au Vietnam, je

suis gaie, parce que malgré les bombes il y a de l'espoir pour la révolution ; en Amérique, malgré le progrès financier, je suis triste, parce que l'avenir est bouché.

— La réalité, c'est celle-ci, deux sons, deux images, l'ancien et le nouveau, et leurs combinaisons. Car c'est le capital impérialiste qui dit que deux fusionnent en un (et ne montre qu'une photo de toi) et c'est la révolution sociale et scientifique qui dit que un se divise en deux (et montre comment le nouveau lutte chez toi contre l'ancien).

— Voilà, il y a sûrement d'autres choses à dire. On espère qu'on aura le temps de se voir aux USA, et de discuter un peu de tout ça avec le spectateur. De toute façon, bon courage.

Jean-Luc et Jean-Pierre.
(Publié dans *Tel Quel*, n° 52, hiver 1972)

POUR MIEUX ÉCOUTER LES AUTRES

Yvonne Baby. — Avez-vous fait vraiment table rase après Mai 68 ?

Jean-Luc Godard. — Absolument pas. Mai 68 a été un coup de balai pour pas mal de gens, et balayer la poussière n'est pas faire table rase. Balayer permet de mieux voir ce qu'il y a dans la pièce, et me faire balayer m'a permis de commencer à me situer historiquement et comme Français et comme cinéaste. C'est-à-dire comme cinéaste travaillant en France.

— Et comment situez-vous votre nouvelle activité par rapport à des films d'avant Mai 68 — par exemple Deux ou trois choses que je sais d'elle, La Chinoise, Week-end, Le Gai Savoir, *qui semblaient déjà annoncer une certaine rupture ?*

— Ces films sont relativement importants pour moi dans la mesure où ils m'ont permis d'accepter le coup de balai historique de mai, et de mieux voir la réalité de mes rapports avec ma propre histoire.

Pour rompre définitivement avec une certaine façon de faire du cinéma il fallait commencer par rompre avec le concept classique de rupture. Ce fut — et c'est toujours — le début d'un long travail de style nouveau.

Par exemple, ce n'est pas dire : « Moi cinéaste, je vais faire des films politiques », mais, au contraire :

« Je vais faire politiquement des films politiques. » Ce n'est pas dire, moi homme : « Vive le MLF », mais : « Vive le MTH (Mouvement de transformation des hommes). » Ce n'est pas dire, moi gauchiste : « Vive l'unité du mouvement de la jeunesse », mais : « Vive la jeunesse du mouvement unitaire. » Ce n'est pas dire, moi propagandiste : « C'est un film " explosif " », mais — à propos de *Tout va bien* — : « C'est un film " décevant ". »

On répondra que c'est jouer sur les mots, et personne ne s'en prive, du *Monde* à la *Cause du peuple*, en passant par l'AFP et *l'Huma*. Je réponds : « Qui dit contenu nouveau doit dire formes nouvelles, qui dit formes nouvelles doit dire rapports nouveaux entre contenu et forme. »

Des foules de gens se posent aujourd'hui des foules de questions et donnent des foules de réponses. Pour donner des réponses de style nouveau correspondant à la situation française d'aujourd'hui, il faut commencer par apprendre à poser des questions autrement. Sinon, dans le cinéma comme dans n'importe quelle lutte sociale, on ne sait répondre que de manière ancienne à des questions toutes neuves.

— *Si on en revient à Mai 68, que représente pour vous* Un film comme les autres *?*

— *Un film comme les autres* se décompose mécaniquement en trois éléments : deux images visuelles et une sonore. Les images visuelles étaient, d'une part, un groupe d'ouvriers de Flins et d'étudiants de Vincennes discutant des événements de mai-juin 1968, et, d'autre part, des plans tournés par ces mêmes étudiants et ouvriers pendant cette période. L'image sonore était faite d'une multitude de textes — « théoriques et pratiques » — produits par les luttes révolutionnaires — nationales et étrangères — de 1789 à 1968.

Ce film, diffusé à l'époque par certains groupes

étudiants, est à mon avis relativement intéressant car, bien qu'il relève d'une conception mécaniste de l'histoire, il reste néanmoins le seul film existant à ce jour sur mai-juin 1968.

— *De quand date votre idée de cinéma de groupe et comment est né exactement le groupe Dziga-Vertov ?*

— Cette idée n'est pas de moi. Elle vient de la matérialisation, dans le secteur cinéma, de la notion de groupe vociférée par le gauchisme. En fait, cela revient à remplacer l' « équipe » par la « cellule », ce qui est plus scientifique, plus politique.

En ce qui me concerne, la véritable rupture, ce n'est pas dire : « J'ai fait table rase, j'ai quitté le système, je fais autre chose » ; c'est dire, et ce n'est possible aujourd'hui qu'après trois ans de travail : « Je ne suis pas parti, je suis resté, je ne fais pas autre chose mais je fais la même chose *autrement* ». C'est dire, non pas : « Godard revient », mais : « Quelqu'un arrive ». Et ce quelqu'un, puisqu'il a un nom, appelons-le Gorin.

Voilà ce qui est vraiment nouveau : de ne plus m'appeler Godard, mais Godard-Gorin. Il fallait, bien sûr, diffuser cette nouveauté, prendre un drapeau, comme tout le monde, et l'agiter. Et prendre un drapeau de façon nouvelle c'était pour nous, non pas nous appeler « Club prolétarien du cinéma », ou « Comité Vietnam du cinéma » ou « Panthères noires et blanches », mais « groupe Dziga-Vertov ». Mais il ne suffit pas de prendre un drapeau, encore fallait-il le planter et marquer le territoire où nous étions et à partir duquel nous décidions de prendre l'offensive. Bref, il fallait, nous cinéastes, nous situer historiquement et pas dans n'importe quelle histoire, mais d'abord dans l'histoire du cinéma. D'où l'oriflamme Vertov, le *kino-pravda*, le cinéma bolchevique. Et c'est ce cinéma-là qui est notre vraie date de naissance.

— *Pouvez-vous parler des films de ce groupe, par*

exemple de Pravda, Vent d'Est, Luttes en Italie, *et de celui, tourné en Palestine,* Jusqu'à la victoire?

— Parler de ces films, c'est parler de leur processus historique de production. Ainsi pour parler de *Luttes en Italie,* il faudrait le situer précisément dans le contexte des luttes idéologiques menées par les mouvements gauchistes français et italiens en 1969-1970, et qui nous ont conduits à nous opposer directement à la RAI, « l'appareil télévisé » de l'État italien.

Pour parler du film palestinien, il faudrait peut-être partir d'abord de deux phrases de Mao : « Que l'étranger serve le national », et : « Compter sur ses propres forces ».

Prenons un autre exemple : *Pravda* est un film que j'ai fait seul, qui a commencé par un tournage style CBS ou Chris Marker — reportage en vrac de « petits faits vrais » en Tchécoslovaquie après l'invasion soviétique — et qui s'est bloqué lui-même à cause de ce style de tournage. La situation n'a pu se débloquer que grâce au travail déterminant de Gorin sur *Vent d'Est,* travail qui a consisté à bouleverser la notion traditionnelle du montage, de n'en plus faire un simple assemblage ou collage de plans, mais une *organisation* de plans.

Ce travail, c'était commencer à s'interroger politiquement sur les images et les sons, et sur leurs *rapports.* C'était ne plus dire : « C'est une image juste », mais : « C'est juste une image »; ne plus dire : « C'est un officier nordiste sur un cheval », mais : « C'est une *image* d'un cheval et d'un officier. » Dire cela dans *Vent d'Est* était particulièrement agressif, car on se situait sur le terrain principal de l'adversaire : le western, « image » que l'Occident impose — et tous les moyens lui sont bons — au reste du monde.

— *Et comment ce travail s'inscrit-il dans* Tout va bien?

— Tout à fait logiquement. Logique non plus formelle mais politique. Revoyons les faits : nous n'avions jamais quitté le système, nous y étions plus que jamais. A un autre endroit, nous nous sommes directement et violemment heurtés non à de simples firmes privées ou semi-privées, mais aux « appareils télévisés » d'État : *Le gai Savoir,* produit et refusé par l'ORTF, *British Sounds,* produit et refusé par la BBC, *Luttes en Italie,* produit et refusé par la télévision italienne, *Vladimir et Rosa,* produit et refusé par la télévision allemande. Dans toutes ces luttes, nous avons appris certaines choses qui nous ont permis de faire *Tout va bien,* et, en le faisant, de reprendre également l'offensive sur le terrain particulier de l'industrie cinématographique.

— *Et cette offensive ?*

— Prendre l'offensive aujourd'hui, c'est faire *Love Story,* mais autrement. C'est dire : vous allez voir un film d'amour avec vos vedettes préférées. Elles s'aiment et se disputent comme dans tous les films. Mais, ce qui les sépare ou les réunit, nous le nommons : c'est la lutte des classes.

Ce qui fait que Jane Fonda, journaliste, ou Yves Montand, cinéaste, passeront de « je t'aime » à « je ne t'aime plus », puis de nouveau à un deuxième « je t'aime », cette fois différent du premier, c'est qu'entre les deux « je t'aime » il y a quarante minutes où ils ont été séquestrés dans une usine.

— *Est-ce un hasard si, dans le film, Montand est cinéaste ?*

— Il n'est pas cinéaste, il « fait » du cinéma. Or il se trouve que l'activité de Montand (et celle de Jane Fonda), comme la nôtre, consiste à « faire » du cinéma.

Nous n'avions pas à quitter ce terrain-là. Pour parler des autres, il faut avoir la modestie et l'honnêteté de parler de soi-même. La nouveauté, c'est de ne pas parler de soi-même en soi, mais de parler de ses propres conditions sociales d'existence et des idées qui en découlent. Parler de soi, oui, pour mieux écouter les autres. — (Entretien réalisé par Yvonne Baby, *Le Monde,* 27 avril 1972).

POURQUOI TOUT VA BIEN?
Entretien avec Jean-Luc Godard et Jean-Pierre Gorin

*Politique Hebdo. — Dans quelle ligne politique et
cinématographique s'inscrit votre film* Tout va bien?
*Représente-t-il une rupture par rapport à vos films depuis
trois ou quatre ans?*

Jean-Luc Godard. — La rupture pour moi remonte à
quatre ans en arrière quand j'ai rencontré Jean-Pierre
Gorin et commencé à travailler avec lui. Ne plus
travailler seul, c'est ça la véritable rupture. Sortir du
système, rentrer dans le système, la question ne s'est
pas posée comme ça. On n'a pas quitté l'Europe, on n'a
pas quitté la France, on n'a même pas quitté Paris. On
a fait plutôt plus de films, après Mai 68, que beaucoup
d'autres. On en a fait dans le système, dans un autre
endroit du système : au lieu de les faire dans le cinéma
à l'intérieur même de l'industrie cinématographique,
ça s'est élargi au domaine de la télévision. Ainsi, nous
avons fait un film pour la TV anglaise (*British Sounds*),
une co-production pour une unité de la TV tchèque et
un producteur privé français (*Pravda*), un film com-
mandité par la TV italienne (*Luttes en Italie*) et un film
pour la TV allemande de Munich Télé-Pool, qui
s'appelait *Vladimir et Rosa*. Tous ces films ont en
commun d'avoir été refusés et non diffusés par les
appareils d'État qui les avaient commandés. Donc

nous étions plus que jamais dans le système, mais à un autre endroit. Ensuite, on a commencé un film, qui n'est pas fini, sur le problème de la Palestine. De toutes ces réalisations, nous avons tiré un certain nombre de conclusions que nous avons essayé d'appliquer à un domaine spécifique, celui de l'industrie cinématographique française aujourd'hui, avec des acteurs connus et des choses comme ça... C'est dans le travail unitaire à deux que se sont révélées des possibilités politiques de pratique du cinéma.

Jean-Pierre Gorin. — On est assez loin, tu le vois, du mythe grotesque du grand cinéaste qui prend le maquis...

Godard. — Image qu'on retrouve aujourd'hui très spécifiquement chez et sur des gens comme Clavel ou comme Sartre. On peut être d'accord avec eux sur certains trucs, ou en désaccord sur l'application des principes généraux qu'on prétend respecter. Les gens pensent que Sartre rompt avec le système. Nous disons qu'il y est de plus en plus, d'une autre manière.

Gorin. — A notre niveau, pendant trois ans, l'une des principales difficultés a été de faire reconnaître la réalité d'un travail à deux. Pour des raisons assez évidentes, la pratique cinématographique, parce qu'elle est la forme de pratique artistique la plus ouvertement socialisée, est devenue le dernier refuge de toutes les banalités idéalistes sur la « création, ses fastes et ses pompes ». Il est normal qu'à partir du moment où nous avons commencé à travailler ensemble au niveau de la mise en scène, qu'à partir du moment où nous avons placé ce travail sous le « patronage » *(sic)* de Dziga Vertov, on n'ait voulu voir dans notre tentative que, au pire, le suicide rimbaldien d'un grand créateur (article de Michel Cournot, en 70, dans *L'Observateur*) et, au mieux, un « tandem » (article de Michel Vianey, en 72, dans *L'Observateur*).

Bon, en fait, c'était un peu plus simple. Nous avons commencé à nous poser la question de l'histoire et de la fonction des images et des soins que nous employions « spontanément ». Nous avons commencé à interroger « historiquement » le cinéma pour mieux être à même de faire des images et des sons qui correspondent à *notre* histoire.

Politique Hebdo. — En quoi, Jean-Luc, la rencontre de Gorin a-t-elle provoqué la « rupture » dont tu parlais il y a un instant ?

Godard. — Ce que j'ai fait pendant quinze ans dans le cinéma a permis à un type du nom de Gorin, à un moment donné de son processus de radicalisation, de passer plutôt par le cinéma que par autre chose. Il n'a pu aller qu'à un endroit où il y avait déjà une possibilité de brèche ou de dialogue. Car il avait envie de faire des films d'un type tellement nouveau qu'il ne pouvait que bénéficier de ce que j'avais déjà fait. De même qu'un savant (si l'on se réfère à l'histoire scientifique qui nous intéresse aussi beaucoup) découvre dans certains travaux d'un autre savant ce que ce dernier, vivant dans une époque donnée, n'avait pas pu utiliser. Par exemple Lavoisier a pu exploiter les découvertes de Priestley en chimie, que ce dernier n'avait pas su utiliser lui-même. Seul Lavoisier, sur ces bases, a pu établir de nouveaux concepts. Certains de mes anciens films ont pu permettre à Gorin de tirer des conclusions que j'avais été incapable de tirer moi-même. Une nouvelle unité s'est ainsi formée.

Gorin. — Notre rencontre, ce n'est pas celle de Claudel ni d'André Frossard avec Dieu, ni de J.-J. S.-S. avec Jeanne la Lorraine. D'une part, Jean-Luc avait quinze ans de pratique ; d'autre part, avant qu'on se mette réellement à travailler ensemble, il y a eu trois ans de contacts d'abord épisodiques où nous ne nous comprenions pas toujours. Et puis, finalement, il s'est trouvé que nous avons ressenti la nécessité de faire des films ensemble. Ça s'est avéré opérant — sans porter de jugement de valeur sur ce qu'on a fait.

Godard. — On s'est connu *grosso modo* à l'époque où je faisais *La Chinoise*. J'étais entré en contact avec les militants « maoïstes » de l'époque, mais étant donné ce qu'ils étaient et ce que j'étais, j'avais été amené à faire mon film tout seul. Parmi les gens que j'ai rencontrés, il y avait Jean-Pierre Gorin. On s'est vu de temps en temps. Mai est arrivé et a resserré nos liens.

Politique Hebdo. — *Aujourd'hui, quelle leçon tirez-vous de votre expérience de groupe ?*

Godard : Le propre de tous les groupes, c'est à un moment donné un désir d'élargissement. A force de travailler dans une cave, de dire que les révolutions se passent dans les culs-de-sac, l'envie vous prend de sortir du cul-de-sac. Ça se fait par tâtonnements, par théorisation, par recritique. Il y avait le désir de se rendre compte que certaines choses justes qu'on émettait, même de manière balbutiante ou imparfaite dans certains films, avaient demandé trop de travail pour un résultat fragmentaire. On ne profitait pas assez de la puissance de l'image. On avait toujours besoin d'être présent aux projections pour expliquer le film. Quand on n'était pas là, ça ne marchait pas ! Il aurait fallu au contraire pouvoir laisser grandir et convaincre tout seuls les enfants qu'on faisait. On avait voulu au départ prendre tous les problèmes à la fois. On a dû par la suite essayer de les résoudre un à un, en reprenant tout à zéro. Un zéro qui changeait de place. Un zéro historique.

Gorin. — Ce qui nous a différenciés des autres cinéastes militants, c'est que nous nous sommes posé la question de la production comme préalable à la question de la distribution. Que produire ? C'est-à-dire pour qui produire ? Et : comment produire ?

Godard. — Réfléchir véritablement sur la difficulté de la diffusion nouvelle (idées nouvelles diffusées de manière nouvelle) devait passer par un stade qui consistait à produire d'abord. Produisant d'une façon plus neuve et plus juste en liaison avec l'état historique dans lequel on vit, cela nous amenait à mieux nous poser les problèmes d'une meilleure diffusion. Auparavant, le cinéma militant, c'était faire en pauvres le même truc que les riches ! Si tu regardes les Vietnamiens par rapport aux Américains, ils ne font pas en pauvres la même guerre que les Américains, ils font une guerre d'un autre type. Appliqué au cinéma, cela signifie : poser des problèmes d'une autre façon.

Gorin. — Faire des films, par exemple en ayant le courage (ou le culot) de dire qu'ils ne sont faits que pour dix personnes, mais dix personnes avec lesquelles existent des relations de *travail*. Puis, capables de mieux parler à dix personnes, chercher à en toucher cent... et progresser lentement dans l'analyse des contradictions du système cinématographique. En fait notre objectif c'est d'abord d'être là où on est, en y étant autrement, ce qui est le seul moyen effectif d'enrayer la machine.

Être là où on est et y être autrement. Qu'est-ce que cela peut bien vouloir dire pour un cinéaste progressiste ? Peut-être de cesser enfin de se laisser aller aux élans de sa mauvaise conscience, de ne plus se bercer de remarques du genre : « La répression que je subis est bien mince par rapport à celle que subissent les autres classes », de penser, ne serait-ce qu'une seconde, à la répression qu'il fait subir à ces mêmes classes avec lesquelles il prétend lutter en ne dévoilant pas au prix de quelles transactions se font les films et *qui* (les exploitants, les distributeurs, la ou les vedettes, les producteurs) les dicte réellement.

Et *Tout va bien*, c'est un peu ça. Un film, qui ne

cache pas ces conditions réelles de production, qui met en branle tous les mécanismes du « cinéma » classique pour tenter de les analyser, un film qui raconte la même histoire (une femme/un homme) que toutes les histoires que racontent les films depuis cinquante ans, mais cherche à la raconter autrement.

Politique Hebdo. — Et ceux qui l'ont interprété, ils se doutent de quelque chose ?

Godard. — C'est une opération politique. On n'a pas décidé de prendre tel acteur parce qu'il correspond au personnage ou parce qu'on l'aime bien. Pour la couleur de ses cheveux ou son talent. Telle fille, parce que nos fantasmes vont pouvoir s'investir dans le fait que nous la choisissons. Yves Montand est un peu plus ou moins qu'un homme de spectacle, c'est un homme de spectacle d'un certain type. On ne voit pas les noms de Montand et de Jane Fonda uniquement dans la rubrique spectacles. Des acteurs de cette sorte, il n'y en avait pas trente-six, il n'y avait que ces deux-là.

Politique Hebdo. — Ont-ils envisagé sans trop de problème cette manière de les considérer ?

Godard. — Je leur ai dit : « Si vous aviez, toi, Jane Fonda, toi, Yves Montand, à jouer un film sur une journée de votre vie, vous auriez sans doute du mal à y parvenir. Nous aussi, d'ailleurs, nous aurions du mal à nous diriger. Vous diriez : " J'ai fait ci ou j'ai fait ça. " Ce qui revient à faire soit un article de *Paris-Match* soit un film de Rouch... » En fait, nous avons posé à Fonda et à Montand plus de questions que nous n'en avons résolues. C'était une politique d'alliance.

Politique Hebdo. — Pourquoi plus précisément les avoir choisis ?

Godard. — Parce qu'ils sont des vedettes. Des vedettes dont le propre est de ne pas vouloir l'être. Elles veulent s'effacer totalement devant le sujet. Alors qu'au contraire étant des vedettes, nous ne voulions pas qu'ils s'effacent : Mao est une vedette, il ne s'efface pas ! Pompidou pas davantage.

Gorin. — Ce qui importe, c'est, derrière le terme « vedette », de retrouver la fonction, ici, celle de l'acteur et faire que cette fonction sociale puisse être opérante dans l'analyse d'une situation sociale donnée.

Politique Hebdo. — *Comment avez-vous expliqué à vos comédiens ce que vous souhaitiez faire ?*

Gorin. — Nous avons eu des discussions spécifiques. Nous avons privilégié certains aspects. Au départ, au lieu de se trouver devant un texte avec quelques indications débiles du genre : « Le personnage claque la porte avec toute la détresse du monde dans les yeux » ou : « Ils font l'amour et l'on entend (off) une fugue de Bach », les acteurs se sont trouvés devant des schémas qui leur permettaient tout au long du film de savoir les rapports des plans dans lesquels ils sont, avec les plans qui suivent et les plans qui précèdent. Ils voyaient le film avant même de le tourner.

Godard. — Ça c'est le rêve, bien sûr. En fait, on s'aperçoit que les acteurs sont là mais qu'ils n'ont pas la possibilité de faire le travail que nous, on aurait besoin qu'ils fassent. Ils lisent ce schéma comme on lit un menu, bien qu'ils s'y intéressent sincèrement. On leur dit : « Parler du Vietnam, ce serait parler de la France aujourd'hui plutôt que parler du Vietnam, et, ce qu'on dit, l'appliquer à fond dans le domaine spécifique du cinéma, c'est-à-dire, étant donné ce qu'on a dit du Vietnam ou de l'enlèvement de Nogrette, comment va-t-on, comment peut-on jouer cette scène, vu l'époque historique où on se trouve ? Comment toi, Yves Montand, peux-tu la jouer ? » Inutile de dire que c'est une position encore complètement irréaliste. Il ne faut pas perdre de vue que c'est un idéal, que de ce maximum, on ne peut obtenir qu'un minimum. Avec les acteurs, le problème est qu'ils ne « savent » pas jouer. Ils veulent bien jouer, mais ils ne savent pas jouer de manière nouvelle. Pour l'acteur qui a la psychologie supposée du personnage, le travail essentiel consiste en une réadaptation, réapprendre à lire par exemple, pour réapprendre à parler.

Gorin. — Au niveau des textes, nous avons fait un effort d'écriture. Si tu prends les anciens films de Jean-Luc, on se rend compte qu'il avait trouvé la solution, qui était alors formidablement révolutionnaire et efficace. Elle consistait à ne pas écrire de texte. Le texte du film n'étant plus qu'un texte de montage. D'où cette impression si forte, dans la plupart de ses films, que « ça parle » derrière le personnage, derrière l'acteur. Mais le principe de ce montage reste purement subjectif.

Les textes que j'ai écrits pour *Vent d'Est* ou *Luttes en Italie* sont des textes de commentaires où on substitue au montage psychologique une autre manière de psychologie où l'élément déterminant est la pratique d'une certaine philosophie et son organisation en image et en son. Avec *Tout va bien*, on a joué un autre jeu. Il y a très peu de textes de commentaire. Il y a un certain type d'écriture qui peut être considéré dans une première approximation fausse comme une écriture réaliste et qui ne l'est pas du tout.

Politique Hebdo. — Tout va bien *est l'histoire d'une grève suivie d'une séquestration. C'est aussi le thème du dernier film de Marin Karmitz...*

Gorin : Ce qui est intéressant entre *Coup pour coup* et notre film, c'est que ce sont deux films qui traitent exactement de la même chose. On retrouve d'un film à l'autre les mêmes épisodes au niveau des séquences. Mais en fait on s'aperçoit qu'il y a par rapport à cette même réalité deux positions radicalement différentes. Cette communauté de sujet, on va nous la foutre à la gueule, en nous accusant de plagiat. Ce à quoi nous répondrons que les phénomènes mis en avant par la lutte des classes ne sont la propriété privée de personne. Une discussion ne va pas manquer de s'instaurer, elle sera extrêmement saine. On va voir deux types de cinéma qui reviennent finalement à deux positions politiques différentes par rapport au contexte actuel.

Godard. — En gros, *Coup pour coup* n'est pas pour nous un film actuel. La confrontation *Coup pour coup / Tout va bien* permet de mieux préciser celle de *Camarades* (le premier film de Karmitz) et de *Luttes en Italie*, où les choses étaient encore trop floues pour les trois quarts des gens. Si les uns comme les autres nous avons progressé, c'est parce que la situation a avancé elle-même. *Coup pour coup*, c'est *Le Sel de la terre* en 1972, et c'est dans ce sens-là qu'on sera amené à l'attaquer.

Politique Hebdo. — *Vous avez défini votre film dans les pavés du* Monde *comme « un film scientifique d'amour et d'histoire »...*

Godard : C'est un film fait d'une manière plus scientifique si on se réfère aux lois du matérialisme historique appliquées au cinéma.

C'est un peu provocateur. Nous affirmons en quelque sorte par là que nous sommes des scientifiques.

Gorin. — C'est un film fait de plans fixes et de travellings. Les travellings correspondent à une analyse scientifique de ce que peut être un travelling, à un moment donné, dans un contexte social tout à fait précis qui est celui de ce film.

Godard. — Il y a une utilisation sociale de la forme. Une utilisation sociale du travelling comme moyen spécifique du cinéma, qui correspond à un moment d'analyse, de synthèse, de rupture.

Politique Hebdo. — *Comment envisagez-vous le problème de la forme et du fond ?*

Gorin. — C'est un problème avec lequel on se débat

depuis trois ans. Comment faire correspondre à des contenus nouveaux des formes nouvelles qui expriment la nouveauté de ces contenus. Systématiquement, sur toutes les notions qui sont actuellement employées, nous sommes en rupture. Nous voudrions même qu'il y ait une rupture avec le concept de rupture !

Godard. — Cela s'exprime pour nous dans le fait que tous nos films ont été refusés par les TV, non parce qu'ils étaient des films politiques, mais parce qu'ils n'étaient pas du cinéma. C'était la manière politique qu'avaient ces appareils d'État pour s'exprimer : « Monsieur, ce n'est pas un film, on ne peut pas le passer ! » On nous disait même : « Vous parlez mal des problèmes que vous traitez ! »

Nous devons rompre avec cette vieille idée de la séparation de la forme et du fond qui appartient spécifiquement à l'idéologie bourgeoise. C'est dans la forme qu'est le contenu et le contenu passe aujourd'hui par une formulation de type nouveau.

Politique Hebdo. — *Quelle importance accordez-vous dans votre temps de lecture et de réflexion au cours de ces dernières années à tout le mouvement qui va de Barthes à Todorov, sur le langage et la signification.*

Godard. — Nous puisons plus notre connaissance dans l'histoire des sciences que dans l'histoire des arts. Nous sommes des travailleurs de l'information et en tant que tels, nous recherchons les travaux d'autres travailleurs de l'information dans les domaines scientifiques, chimiques, biologiques, mathématiques, etc. Nous nous apercevons que nous avons des connaissances scientifiques quasiment nulles et que ça nous nuit beaucoup. On a déjà passé Einstein mais on a toujours la pensée de

Galilée. Et on se dispute avec d'autres cinéastes militants à qui nous reprochons de n'avoir même pas la pensée de Galilée, mais celle d'Aristote !

Gorin. — Notre seule base sûre, c'est le matérialisme historique et le matérialisme dialectique. L'intérêt d'un certain nombre de textes chinois, c'est leur possibilité de lier l'expérimentation scientifique et la pratique politique. C'est ce que nous recherchons.

Politique Hebdo. — *Avez-vous écrit des textes théoriques sur votre travail depuis trois ans ?*

Gorin. — Non, et c'est une des erreurs que nous avons commises. Nous aurions dû écrire un certain nombre de textes théoriques. Par pur volontarisme, à un certain moment, nous avons déclaré que nous ferions un bouquin. Nous aurions dû mettre des bornes. Aujourd'hui, nous en sommes peut-être capables.

Politique Hebdo. — *Revenons au film, quelles en sont les données techniques. Quel a été le mode de financement, par exemple, de* Tout va bien *?*

Godard. — Un budget de 230 millions de francs français avec un dépassement de 20 millions pour un film 35 mn, couleur. Il a été coproduit par Anouchka Films, une société dans laquelle nous avons la majorité et par une autre société, Vicco Films, qui en fait, a trouvé l'argent via deux avances de distribution, l'une d'un distributeur français, relayé par la suite par Gaumont, l'autre italienne. Sans lecture préalable du scénario, grâce uniquement aux noms de Fonda et Montand — ce qui était une habileté tactique — grâce aussi à mon ancien nom. Les financiers se sont dit : « Pourquoi pas ? on va peut-être gagner du fric avec ça. » C'est le financement d'un cocktail Molotov par ceux qui vont le recevoir dans la figure. Ils se méfient cependant et ils peuvent essayer de varier les proportions pour transformer le cocktail Molotov en grenadine ; ce qui est tout à fait possible puisqu'il entre beaucoup de sucre dans la composition du cocktail Molotov !

Politique Hebdo. — *Quelles ont été les conditions de tournage ?*

Godard. — On a tourné vite par rapport à mes premiers films. Et on l'a mieux monté. On a remis en cause les notions de tournage, de montage. On a repris une intuition de Vertov. Pour lui, il y avait du montage avant le tournage, du montage après le tournage. La notion politique principale, c'est le montage. C'est là que le cinéma est plus directement politique et actuel que d'autres arts.

Gorin. — Un film, qu'est-ce que c'est ? C'est de l'espace sur du temps, et un certain rapport espace-temps qui se concrétise sur la machine. Dans un premier stade, l'aspect principal est l'espace — c'est le montage avant le montage, l'écriture, la répartition spatiale des plans, leur fonctionnement, etc. Comment les blocs vont réagir les uns par rapport aux autres. Au tournage, l'aspect temps devient principal. Puis, la contradiction espace-temps se transforme dans le montage.

Politique Hebdo. — *Votre film a-t-il été tourné en studio ou en décor naturel ?*

Gorin. — En studio et en extérieur. Exclusivement avec des comédiens (des chômeurs du cinéma dans le rôle des ouvriers) et non avec des ouvrières comme l'a fait Karmitz pour *Coup pour coup* ! Pour nous, c'est un choix au niveau des principes. Premier point : le cinéma n'est pas la vie. Deuxième point : le clivage entre la fiction et le documentaire est un clivage de type bourgeois. Ce qui est intéressant c'est de tenter de produire des fictions matérialistes. Avec les pas que nous faisons vers un matérialisme de fiction, nous avons franchi un seuil irréversible.

Politique Hebdo. — Ce que Brecht a dit du cinéma et du théâtre, c'est important pour vous ?

Gorin. — Capital. On ne peut pas ne pas repartir d'un certain nombre de choses que Brecht a mises en évidence. Cela dit, on fait tout autre chose, on fait du cinéma car on pense qu'il est plus difficile, sinon impossible de faire du théâtre à l'heure actuelle. Par ailleurs, la conception que Brecht avait de l'idéologie est historiquement datée. Certes, la plupart des questions que nous posons ont été formulées par Eisenstein et Vertov, puis ensuite par Brecht, mais plus encore par la Révolution culturelle prolétarienne en Chine.

Politique Hebdo. — La production doit-elle primer sur la diffusion ou le contraire ?

Gorin. — Einsenstein est parti du fait de produire peu mais bien, sans s'apercevoir que pour produire peu et bien il faut commencer par produire beaucoup. Et il a mis cinq ans à faire *Le Cuirassé Potemkine*. On pourrait dire, et c'est vraiment une boutade, que nous avons l'ambition de faire des films aussi importants que *Le Cuirassé Potemkine* et de mettre deux mois à les faire. Passer plus de temps s'il le faut pour écrire, pour pouvoir tourner et monter plus vite. L'essentiel, c'est la lutte pour la production. Rares sont les films militants importants pour leur lutte, il n'y en a même que deux pour le moment : *Potemkine* et *Le Sel de la terre*. En cinquante ans, dans le monde entier, le cinéma révolutionnaire a produit deux films qui viennent toujours comme système de référence. Il faut comprendre ça comme une énorme défaite. Quand le courage est vaincu, il faut avoir le courage d'avouer que c'était de la faiblesse — comme le dit Brecht.

Godard. — Généralement, les cinéastes « militants » pensent qu'il faut distribuer avant tout. Nous on s'est dit qu'il fallait d'abord produire. Pour diffuser bien, il faut produire mieux. Pour diffuser beaucoup, il faut produire beaucoup. Là est l'effort et la difficulté, c'est de ne pas s'arrêter de produire. Or, la plupart des cinéastes militants, eux, produisent très peu — dans l'attente fantasmatique du moment où ils pourront produire beaucoup parce que la lutte des classes viendra au grand jour. Nous avons des discussions très violentes avec eux. Le jour du meurtre de Pierre Overney, ils vont filmer chez Renault et demandent à pouvoir utiliser le soir notre table de montage. On leur répond : « Non » et ils vous disent : « Salauds ». Nous, on dit « Non, car quel est ce film ? Tant qu'on n'en a pas discuté une heure, on ne peut pas vous aider ». Et ils refusent d'en discuter même une heure, car ils savent très bien qu'en discuter une heure reviendrait à mettre éventuellement en cause toute leur conception. Nous, on ne démarre pas au starter, car on doit courir tout le temps. Ça fait trois ans qu'on court et qu'on a le sentiment qu'on va produire pendant pas mal d'années.

Politique Hebdo. — *Produire moins cher, n'est-ce pas une nécessité ?*

Godard. — Cela dépend des conditions historiques de l'époque, à savoir s'il faut lutter pour produire plus cher, ce qui est le cas de *Tout va bien,* ou lutter pour produire moins cher, ce qui est le cas du film palestinien, qui a coûté trois millions d'anciens francs, empruntés à droite et à gauche, ou bien encore faire un film avec trois photos qu'on projette au voisin d'à côté si on n'a que ça. Il faut tenir compte de nos conditions. Les films du groupe Vertov ont été possibles uniquement grâce à mon nom. La télévision était toujours honorée d'avoir Jean-Luc Godard pour la première fois. Donc on est dans la condition du travailleur salarié habituel. Nous sommes les seuls militants à avoir toujours vécu de notre production du cinéma.

Gorin. — Qu'est-ce qu'on a fait avec *Tout va bien* ?
On a mangé avec le diable avec une très longue
cuillère. Dans ce type d'opération, on peut être sûr
que la cuillère n'est jamais assez longue... La plupart
des cinéastes, des acteurs et particulièrement des
acteurs progressistes démissionnent systématiquement
en tant que cinéastes ou acteurs devant le système et,
par ailleurs, en tant qu'hommes ou citoyens, ils
prennent des positions « politiques ». Nous sommes
tous un peu Jekyll et Hyde. Donc, ici, si depuis
cinquante ans le même film se fait c'est en grande
partie en raison de cette démission.

S'il y a une question que pose *Tout va bien*, c'est la
suivante : « Qu'est-ce que les éléments avancés de la
classe ouvrière demandent aux intellectuels, à certains
éléments avancés des intellectuels ? » Pendant des
années, la pratique des intellectuels a été dominée par
le révisionnisme. Le gauchisme, en tant que pratique
politique, a apporté des éléments radicalement nouveaux, mais en ce qui concerne les intellectuels, ce
qu'il propose est une solution de type révisionniste
réadaptée aux exigences d'une lutte et d'une pratique
anti-révisionniste. C'est-à-dire, en gros : « Intellectuels, allez vous faire rééduquer par la classe ouvrière
ou venez vous mettre humblement à son service. » On
voit que, dans ce mécanisme, les intellectuels conser-
vent totalement le pouvoir, en se niant en apparence
eux-mêmes. Ils n'apportent pas préalablement un
certain nombre de propositions sur la réalité dont les
ouvriers en lutte, des paysans en lutte seraient absolument prêts à discuter. Ce que demandent ces
ouvriers, ces paysans c'est que les intellectuels leur
disent des choses et non pas qu'ils se mettent en
position de dire : « Je refuse de vous parler car ce que
je dirais serait faux, et je vais vous écouter parce que
vous détenez la vérité. »

Godard. — On le voit chez Sartre, par exemple. J'ai participé à quelques actions avec lui pour *La Cause du peuple.* Et par la suite lorsque j'essayais d'en discuter avec lui, ce n'était plus possible. J'essayais de savoir le rapport existant entre son réquisitoire du Tribunal Russell et celui contre les Houillères de France, qui étaient des textes remarquables, et ses études anciennes ou récentes sur Flaubert et Mallarmé. Il te répond alors qu'il y a deux hommes en lui. Celui qui continue à écrire sur Flaubert parce qu'il ne voit pas quoi faire d'autre, et celui qui s'est jeté à corps perdu dans la lutte, en allant parler sur un tonneau aux ouvriers de chez Renault.

On ne nie ni l'un ni l'autre. On prétend simplement qu'en tant qu'intellectuel se radicalisant, il doit faire le rapport entre les deux positions, ou que sinon il s'identifie au directeur de la TV italienne qui nous disait, à propos de *Luttes en Italie* : « En tant qu'-homme, j'admire beaucoup votre film, mais en tant que directeur de la RAI, je le refuse ! »

A mon avis, faisant une croix sur ses conditions sociales d'existence, Sartre ne fait pas révolutionnaire-ment son boulot d'intellectuel révolutionnaire. Le prolo a non seulement besoin que Sartre vienne attaquer avec toute son intelligence persuasive les Houillères de France, mais il a aussi envie de savoir pourquoi Sartre écrit telle chose sur Flaubert. Pour-quoi un mec passe dix heures de sa journée à écrire sur Flaubert et trois contre les Houillères, alors que lui passe le même temps uniquement à la chaîne. Il ne sera pas nécessairement contre ce fait, mais il a envie de comprendre. Sartre a le tiroir Flaubert, le tiroir lutte des classes, mais il ignore la table. Pour le moment, le gauchisme continue à demander aux intellectuels d'être une force d'appoint.

Politique Hebdo. — *Quel type de réaction attendez-*

vous du public qui ira voir votre film, et du public de vos films ?

Gorin. — Les gens, quand ils vont au cinéma, sont primordialement conscients du fait d'être au cinéma. Pour des raisons très simples. Dans le cinéma traditionnel on paie sa place pour aller s'asseoir devant un écran. Il faut partir de cette réalité-là pour effectivement projeter sur l'écran quelque chose qui n'est pas la vie mais qui est des images et des sons mis dans un certain rapport, c'est-à-dire quelque chose d'éminemment abstrait. Tu dois faire quelque chose de spécifique. Mais, cette abstraction, qui n'est jamais que le produit de l'analyse de conditions spécifiques doit te permettre de repenser à quelque chose de plus spécifique encore qui est ta propre vie et l'articulation de ta vie dans l'ensemble du tout social. Si tu ne fais pas ça, tu mises à côté de la plaque et tu bascules forcément dans ce que tu prétends condamner. Tout ça a l'air un peu abscons ! Bon, disons que *Tout va bien* est un film sur la France entre 1968 et 1972, point.

Godard. — Je suis passé par un moment d'irrespect vis-à-vis du public pour pouvoir mieux le respecter maintenant. Mieux le respecter, c'est ne plus le traiter en tant que public, mais en tant qu'homme ou femme, là où ils sont, avec leurs problèmes spécifiques. C'est pouvoir faire des films où on ne parlera plus du film. Le fait de parler du film reviendra à parler des problèmes spécifiques de chacun. Tu vas voir *Tout va bien* avec la fille avec laquelle tu vis. J'estime que ce film est opérant s'il vous divise d'une certaine manière. Si vous entrez chez vous après la vision du film en opposition l'un par rapport à l'autre. Dans *Pierrot le Fou*, vous disiez : « Je suis pour... J'aime beaucoup le rouge... Je suis contre parce que je n'aime pas beaucoup le rouge, je préfère le bleu. » Mais dans *Tout va bien*, vous ne pouvez plus dire ça, vous dites maintenant : « Je suis pour, parce que lorsqu'ils ont fait pisser le patron, ils ont eu raison, ou je ne suis pas d'accord parce qu'ils n'ont pas eu raison de le faire pisser comme ça. » Bref, vous êtes forcés de revenir sur votre terrain réel d'homme et de femme vivant ensemble, là où vous êtes. Notre but est de diviser les gens et non de les réunir, à l'encontre de la télévision. Les diviser pour les unir mieux. Dans le cinéma traditionnel, le rapport image-spectateur est mystifié et il ne se passe rien, c'est l'idéologie habituelle. Nous, au contraire, nous essayons de provoquer un rapport réel, mais un rapport réel ne veut pas dire que Yves Montand est le vrai général argentin infect ou le vrai Lambrakis. Pour nous, le rapport des spectateurs au concept du militant Lambrakis doit provoquer une discussion réelle entre deux individus sur la Grèce. Et ils seront donc amenés en tant qu'individus vivant dans un pays déterminé à parler ensuite non plus de la Grèce, mais de leur propre pays.

Gorin. — Actuellement, il y a un vrai désintérêt du public pour la fiction. En conséquence, il se précipite sur tout ce qui est « histoire ». Mais l'histoire qu'on lui apporte est celle de la classe dominante — du rapport de la classe dominante avec l'ensemble des classes qui se trouvent sous sa domination. La question qu'on peut se poser en voyant des films comme *Le Chagrin et la Pitié* — que nous jugeons infect — et *La Guerre d'Algérie* de Courrière (idem) est la suivante : est-il possible de faire sur ces périodes des films historiques qui en soient des analyses politiques, animées par le principe du matérialisme historique ? Moi, je réponds que pour le moment — c'est le film palestinien qui nous permet de le dire — : « Il faut qu'un certain nombre de questions théoriques sur la représentation de la lutte des classes soient posées et résolues pour envisager de tels films. » Alors, que faire ? Voir que

même si nous en avions les moyens théoriques, il ne faudrait peut-être pas faire de tels films, parce que la bourgeoisie permet d'écrire une autre histoire, mais ce qu'elle considère comme une attaque, c'est d'écrire autrement sa propre histoire. Un exemple : pour *Tout va bien,* nous avions besoin d'un plan de chaîne dans une usine. Comme on ne peut pas tourner dans certaines usines, nous sommes allés dans les cinémathèques d'actualités pour le trouver. Ils nous avaient dit posséder des milliers de choses sur Renault. Tu les mets bout à bout et tu as le plus fantastique film publicitaire qui soit. On s'y attendait. Et il n'y a pas à s'insurger. Mais il faut repartir de ces « noirs » que la bourgeoisie met dans l'histoire qu'elle diffuse de montrer que dans ces noirs se joue notre oppression. Eh bien ! *Tout va bien* c'est *Brève rencontre,* mais le seul emmerdement de ce *Brève rencontre*-là, c'est que ce n'est pas un train qui sépare les amants, un train à prendre ou à ne pas prendre, c'est la lutte des classes !
— (Entretien réalisé par Marlène Belilos, Michel Boujut, Jean-Claude Deschamps et Pierre-Henri Zoller, *Politique Hebdo* n° 26, 27 avril 1972).

LES ANNÉES VIDÉO
(1975 à 1980)

NUMÉRO DEUX,
UN FILM DIFFÉRENT

A : Le spectateur

a) « Les gens font tout »

La participation du spectateur, ça me semble la moindre des choses. Les autres films aussi demandent une participation intense, mais les gens ne s'en rendent pas compte, alors ils ne regrettent pas leurs quinze ou vingt balles. Dans ce film, il n'y a pas d'histoire, mais les gens n'y pensent pas, puisque la famille, c'est quelque chose qu'ils connaissent.

b) « C'est de ta faute »

Si un spectateur me dit : « Le film que j'ai vu est mauvais », je lui dis : « C'est de ta faute, car qu'est-ce que tu as fait pour que le dialogue soit bon ? » Moi, quand un type se plaint, je lui dis : « C'est de ta faute. » Je n'arrive pas à le lui dire autrement. « Si le monde va mal, c'est de ta faute quelque part. »

c) « L'exploitation du plaisir »

On ne va pas au cinéma pour travailler. La notion de travail n'est plus intéressante. Les gens font du travail con, aussi ils n'ont pas envie de travailler. Et on préfère un plaisir con à un travail con. D'où l'exploitation du plaisir qui est tout aussi intense que celle du travail.

B : Le cinéma

a) « La pub : cinéma populaire »

Le cinéma publicitaire, c'est le seul cinéma commercial, populaire. Les autres en sont des dérivés. *Emmanuelle* ressemble à une page de *Elle*, etc. Les photos de journaux me frappent beaucoup. Elles sont sans rapport avec le texte. On en arrive à des trucs absolument invraisemblables comme d'illustrer un article sur un pays par la tête d'un dirigeant. C'est totalement abstrait.

b) « " Je " et le film de famille »

Le film bon marché, c'est la seule solution réaliste. Les films chers, on n'y a pas droit, la télévision, on n'y a pas droit. J'essaie de faire des films tout aussi intéressants en parlant de l'endroit où je suis, du travail, de la famille. Je ne parle pas des endroits que je ne connais pas, ou, si j'en parle, je les fais transiter par l'endroit où je suis. Quand je parle du Portugal, je n'oublie pas le « je », ce que fait toute la presse. Les articles disent : « Je reviens du Portugal », mais le « je » est complètement mythique, il s'efface derrière le « ils ».

c) « Le cinéma militant »

Je n'en ai jamais fait partie. Il m'a toujours fallu gagner ma vie avec les produits que je fabrique, comme n'importe qui. Ce qui m'a toujours étonné dans le cinéma militant traditionnel, c'est qu'ils n'aient pas besoin de gagner leur vie. On ne vit pas dans une société gratuite. Je ne sais pas comment ils font. Il n'est pas normal de faire du bénévolat ou de vivre de mendicité et puis d'aller interviewer quelqu'un qui, lui, réclame plus.

C : *L'homme et la machine*

Le cinéma, c'est le besoin de communiquer avec des gens qu'on ne voit pas. Ce n'est que ça le cinéma, un moyen de communication. Un bout de pellicule, ou de film magnétique, ou une onde hertzienne, c'est un morceau d'un être humain, sous une certaine forme. — (Propos recueillis au magnétophone par Jeanne Makie, *Témoignage chrétien*, 25 juillet 1975).

PENSER LA MAISON
EN TERMES D'USINE

J'ai un projet de film qui s'appelle *La Prise du pouvoir par le peuple*, qui s'appellerait plutôt *Pouvoir (la prise du) (par)*.

Première partie, la prise du pouvoir par les socialistes ; deuxième partie, les socialistes sont renversés par les femmes, les femmes sont renversées par les enfants et les enfants sont renversés par les animaux. Quatre parties. Bon, c'est un film de, je sais pas moi, 300 ou 400 millions de dollars, c'est-à-dire ce que rapportera jamais *Le Parrain*. Bon, c'est impossible à faire. Faire jouer un troupeau de mille rats qui envahissent une ville, ça prend cinq ans de travail, et c'est impossible à faire. Ceci dit on peut faire des films bon marché. En tout cas meilleur marché que dans le circuit traditionnel. Les films les moins chers, ce sont les films d'amateur, et les films de famille. C'est la gosse qui sort du bain, c'est le sapin de Noël, etc. C'est ça un film bon marché. C'est là-dessus d'ailleurs que Kodak fait l'essentiel de son chiffre d'affaire. Alors partons de là. Au lieu de partir du cinéma profession-nel, partons du cinéma amateur, qui est d'une certaine manière encore plus professionnel que l'autre. Mais faisons-le autrement. *Numéro deux,* par exemple, c'est un film d'amateurs, c'est un film de famille. Sauf qu'il est pas diffusé dans l'endroit où il est, où il devrait l'être.

J'ai toujours fait des films sans lumière, par exemple, parce que je sais pas éclairer. J'ai envie de réapprendre la lumière. Parce que j'ai des projets de films sur la lumière, sur le fascisme, sur l'éclairage... sur l'ombre et le contraste, sur les films de gangsters, etc. J'ai envie d'apprendre ces choses, parce que je suis trop vieux ; à l'école du cinéma à mon époque, c'est pas ça qu'on apprenait. C'est pour ça que la vidéo m'intéresse, d'une certaine manière, au départ. Parce que je vois tout de suite l'image sur l'écran. Je vois sans lumière, je vois quand j'en rajoute une, je vois l'effet que ça fait. Supposons que je travaille avec un amateur, par exemple. Mon lien avec lui sera différent. S'il comprend au moins que pour la lumière je suis aussi amateur que lui, s'il a des idées disons philosophiques ou ingénues sur la lumière, mais pas techniques, alors on peut apprendre ensemble ces choses-là. Alors que si je travaille avec un chef-opérateur professionnel, il faut que lui-même ait beaucoup changé pour qu'il n'y ait pas tout de suite un rapport hiérarchique, un rapport de savoir et de non-savoir, qui, s'il est codé par un matériel un peu élaboré, comme toujours au cinéma, devient immédiatement infranchissable.

Pour *Numéro deux*, c'est la première fois, si je puis dire, que je n'ai pas été à court de texte. Le texte m'avait été aimablement et politiquement remis par les autres, et la politique est un assaut d'amabilités, ce qui fait que les légendes étaient faites pour les photos. Ce n'est pas moi qui ai fait les légendes. Moi j'ai fait les images, les autres gens ont fait les légendes. Et il y a un rapport entre les deux, un peu, et pour moi, ça c'était déjà beaucoup. Les rapports de travail étaient plus doux et moins agressifs. Étant moins agressifs, les autres gens ne sentaient plus une hiérarchie technique, ils avaient l'impression de créer un peu. Ça leur a donné envie d'essayer de bricoler aussi...

Au cinéma actuellement, ce sont les spectateurs qui créent les films. Les films, maintenant, il n'y a plus rien dedans. Autrefois, des vedettes comme Keaton, Chaplin faisaient un boulot physique, un énorme travail de mise en scène... Mais aujourd'hui, plus tu es une grande vedette, moins t'en fais. Prends Steve McQueen par exemple. On le voit uniquement dans des plans où il a l'air de penser. Lui il ne pense à rien à ce moment-là, ou à son week-end, ou je sais pas moi... A quoi veux-tu qu'il pense ? C'est le spectateur qui se dit : « Il pense ». C'est lui qui relie l'image d'avant à celle d'après. S'il a vu une fille nue avant, et qu'après Steve McQueen prend l'air inspiré, le spectateur pense : « Ah, il pense à la fille nue, il a envie d'elle ». C'est le spectateur qui fait le boulot. Il paie et il fait le boulot.

Numéro deux te fait faire du boulot, aussi, mais il ne te force pas du tout à faire le boulot du *film*. C'est très bien que le film te fasse faire du boulot — enfin, ce que j'appelle du boulot, de l'exercice, du sport, de la pensée, du plaisir. Si à partir de l'image tu penses à toi et à ton mec, c'est très bien comme boulot. Mais le film te laisse penser comme tu veux ; il te donne éventuellement des schémas de pensée — beaucoup plus souples que ce que je faisais avant d'ailleurs —, mais ce n'est pas ce que j'appelle du boulot. C'est tout à fait normal, ça, comme boulot. Mais tu n'es pas forcé de *penser le film*, de faire exister le film. Tu ne fais pas exister le film : il est un peu plus près de toi, mais sans être contre toi, ni toi contre lui ou contre ceux qui l'ont fait. C'est un film pour penser la maison plutôt en termes d'usine, c'est juste ça. C'est pour que les gens puissent parler, ce dont je ne suis pas sûr, et parlent un peu entre eux. Soit se disputent, soit ne se disputent pas.

Le but est atteint, si tant est qu'il y ait un but, quand les gens se mettent à discuter de leurs problèmes, d'un truc concret de leur relation à eux, travail, salaire etc. parce que le film les a aidés. Qu'ils ont ressenti la nécessité de ne pas remettre à plus tard cette discussion, qu'ils devaient avoir. Ça passe par le plaisir, tout ça. Même le plaisir qu'ils ont eu d'avoir eu envie de s'engueuler avec quelqu'un. De dire : « Ah, tu sais, j'ai vu un film là, par rapport à ce que tu me disais, sur ma manière de me montrer à poil », ou... Je sais pas moi. Des choses comme ça. Ou qu'ils expriment leur gêne, alors qu'avant ils ne le faisaient pas. Comme moi de le faire, ça peut aider... C'est ça que je trouve intéressant. Ce n'est pas ce que fait la télé tous les jours : elle fait se taire quand il faut parler, et parler quand il faut se taire...

Voilà. C'est ça que j'essaie de faire. Mon prochain film s'appellera *Comment ça va*. C'est l'histoire d'un mec qui s'engage pour faire de la photocomposeuse et qui dit à un rédacteur : « Tu dictes trop vite pour mes mains »... c'est tout. « Comment ça va ? » « Ben ça va trop vite ! ». — (*Libération* n° 2, 15 septembre 1975).

FAIRE LES FILMS POSSIBLES
LÀ OÙ ON EST

Yvonne Baby. — Alors, c'est un retour ?

Jean-Luc Godard. — Jamais parti. J'ai toujours fait deux ou trois films par an dans le système industriel mais pas toujours en France ou dans le seul cinéma. Pour moi, par exemple, la vraie influence de Mai 1968 a été de m'agrandir à l'information en général, en tenant compte du fait que celle-ci, dans mon domaine — des images, des sons, un salaire — rayonne autant par la télévision que par le cinéma.

La singularité de *Numéro deux*, c'est d'être un film conçu par la télévision mais habillé par le cinéma. Singularité et misère car les habits ne vont pas avec l'enfant. La télévision par quoi ce film a été conçu n'existe pas assez, et le cinéma existe trop. Tout le monde sait que la télévision ne permet pas l'originalité et que le cinéma n'autorise que les idées reçues.

Assumer cette contradiction, tout en gagnant sa vie, force à prendre des risques. Pour moi, cinéaste, avouer qu'on balbutie, qu'on est à moitié aveugle, qu'on sait lire mais pas écrire, dans notre cadre quotidien — c'est-à-dire des images, des sons, un salaire, — c'est répondre en termes plus honnêtes à cette fameuse question de la « communication ».

— *Comment communiquer ?*

— La communication, c'est ce qui bouge, quand ça ne bouge pas, c'est la pornographie. Une image ou un son bougent non parce que ça représente du mouvement, ou son absence, mais parce que avant ça il y a quelque chose, et après ça il y a quelque chose. Il se trouve que ce quelque chose c'est des femmes et des hommes, et entre eux il y a la télévision, des cartes postales, des lettres d'amour, des mandats télégraphiques, des SOS, du cinéma, c'est-à-dire des moyens de communication. Savoir communiquer c'est se poser la question des moyens. Par exemple, si je veux demander à ma bien-aimée en vacances, des nouvelles d'elle et de sa fille, j'écris une carte postale. Mais si je n'ai pas en poche de quoi acheter le timbre tous mes grands mots d'amour resteront lettre morte.

Faire du cinéma ou de la télévision, techniquement, c'est envoyer vingt-cinq cartes postales par seconde à des millions de gens, soit dans le temps, soit dans l'espace, ce qui ne peut être qu'irréel. Personne n'en a les moyens, sauf ceux qui sont à la fois tout le monde et personne, c'est-à-dire, par exemple, en France, l'ORTF, Thomson ou Publicis.

Notre problème, donc, n'est plus tellement d'avoir des idées neuves, ou vieilles, c'est simplement d'en avoir, de pouvoir en avoir, et de vouloir ce pouvoir.

Faire d'autres films, c'est vivre le travail de faire un film autrement, tant économiquement que psychologiquement. C'est partir de là où on est plutôt que de là où on n'est pas. Ce n'est pas dire : « Je vais voir ce qui se passe au Portugal », c'est prendre durement le temps de dire : « Je suis parti d'ici, et voilà ce que cet ailleurs m'apporte, ou m'enlève, ici. »

— *Concrètement ?*

— Ailleurs peut très bien être du type Lip, Portugal, Palestine, etc., mais alors ici devra être du type ma femme entre les jambes d'un autre, vrai ou pas. Ici

pourra très bien être un ouvrier du livre qui supplie
son patron de garder son emploi, mais il faudra lui faire
correspondre son véritable ailleurs qui est : « Quel
drôle emploi de son temps pour un ouvrier que
d'imprimer du mal de la classe ouvrière. » Si on ne lie
pas l'ici et l'ailleurs, on limitera le mouvement à son
point de départ, ou d'arrivée.

— *Et dans votre film ?*

— Ça bouge, car il n'y a fixation ni sur le départ ni
sur l'arrivée mais seulement du mouvement, des
rapports, des allées et venues. Il n'y a pas de sexe mais
seulement de la sexualité. On peut enfin rendre compte
d'une difficulté dans un couple non parce qu'on
montre une femme et un homme — comme dans tous
les films classiques, pornographiques ou pas — mais
parce que ce couple vit en symbiose avec d'autres
couples tout aussi fondamentaux : le couple parents-
enfants, petits-grands, jeune femme-vieille femme,
usine-maison. Ainsi, avec des moyens d'une simplicité
infinie — par exemple, une petite fille qui vous dit :
« Est-ce que toutes les petites filles ont un trou ? », —
on peut inventer une réponse : « Oui, c'est par là que
sort la mémoire », et faire qu'un vieux osera enfin se
souvenir à voix haute des folles journées de l'Internationale communiste, toutes pleines de désir et de
sexualité non dite, de dépenses non comptabilisées.

— Numéro deux *veut donc dire un peu tout ça ?*

— *Numéro deux,* par son titre, indique un nouvel
état de fait, un programme, des directions. Il ne s'agit
pas tellement de faire un film plutôt qu'un autre, mais
de faire les films possibles là où on est. Pour savoir là
où on est, il faut commencer par regarder autour de
soi. Et l'on commence par voir des éléments de société,
des femmes, des hommes, des enfants, du travail, de la
cuisine, des vieux, de la solitude, tout ça à des cadences
quotidiennes. Être près du public, c'est bien joli, nous

n'y sommes pas encore arrivés, mais, au moins, avec *Numéro deux*, nous en partons ; ces cadences quotidiennes, c'est lui, ce public, qui dans sa journée les invente.

— *Là où vous êtes, aujourd'hui, n'est-ce pas surtout dans les rapports féminin-masculin ?*

— Comme tout le monde. Ici, comme en Chine et chez Marx, les rapports entre les hommes passent toujours par les rapports entre l'homme et la femme. Mais la nouveauté encore gauche de *Numéro deux*, c'est d'être entièrement un discours de femme (la productrice du film, une petite fille et Germaine Greer) plus ou moins bien — et toujours — enregistré par un type, les femmes n'ayant pas encore accès aux moyens matériels de communication. Quand vous croisez des touristes, regardez-les, ce sera toujours l'homme qui porte l'appareil de photo ou la caméra. Or le cinéma, comme bien d'autres choses, n'existerait pas sans les femmes.

Et moi je veux qu'il existe, et qu'il existe autrement. Filmer autrement, comment ne pas chercher à le faire loin d'Hollywood, loin de la Nouvelle Vague. Peu importe aujourd'hui qu'un film dise : « Ça va bien » ou : « Ça va mal », un film n'a aucun pouvoir, sinon de montrer comment ça va. Encore faut-il travailler à conquérir ce pouvoir. — (Entretien réalisé par Yvonne Baby *Le Monde*, 25 septembre 1975).

FRANCE TOUR DÉTOUR DEUX ENFANTS

PREMIER MOUVEMENT
(Obscur / Chimie)

Les monstres sont sur les routes.

Camille, la petite fille, est chez elle, dans sa chambre. Elle s'apprête à se coucher, elle se prépare pour la nuit. Un reporter, le journaliste Robert Linard, qui est venu la voir, la questionne. Il lui parle du jour et de la nuit, de l'existence, de l'image, de sa maison, du travail ménager, de l'obscurité et de la lumière...
Albert, le présentateur, raconte l'histoire d'un début.

DEUXIÈME MOUVEMENT
(Lumière / Physique)

Les monstres sortent chaque jour de la terre pour aller travailler.

Arnaud, le petit garçon, est dans la rue, à contre-jour. Derrière lui des voitures passent. Il est sur le chemin de l'école. Robert Linard, le journaliste, l'interroge sur la lumière, la clarté, sur ce qu'on peut éclairer et tirer au clair.

Betty, la présentatrice, raconte l'histoire d'une photo et du temps qu'elle a mis pour venir à la « une » des journaux.

TROISIÈME MOUVEMENT
(*Connu/Géométrie/Géographie*)

Les monstres ont un plan, mais ils se sentent à l'étroit.

Camille est dans la rue. Elle aussi va en classe. Le reporter lui pose des questions sur l'école et la maison, le trajet de l'une à l'autre, sur le mouvement, sur les distances.

Albert, le présentateur, raconte une histoire de coupables et d'innocents.

QUATRIÈME MOUVEMENT
(*Inconnu/Technique*)

Les monstres vivent avec leurs machines.

Arnaud est en classe. Il lit un livre de lecture. On entend la maîtresse commenter le texte et poser des questions aux enfants.
Robert Linard n'intervient pas.

Betty, la présentatrice, raconte une histoire de femmes.

CINQUIÈME MOUVEMENT
(*Impression/Dictée*)

Les monstres obéissent à leurs machines.

Arnaud est devant un appareil à ronéotyper. Il tire les stencils d'une leçon de calcul.

Robert Linard l'interroge sur l'impression, l'imprimerie, sur ce qui l'impressionne, sur la mémoire.

La présentatrice raconte une histoire d'hommes et de femmes.

SIXIÈME MOUVEMENT
(*Expression / Français*)

Les monstres font un grand usage des adjectifs.

Camille est dans la cour de récréation de l'école. Le journaliste parle avec elle de l'école et du travail, du travail et de l'argent, du cri et de l'emprisonnement, du fait aussi que personne ne peut venir voir les enfants à l'école.

La présentatrice raconte une histoire de style.

SEPTIÈME MOUVEMENT
(*Violence / Grammaire*)

Les monstres sont pris en charge dès leur naissance.

Camille est seule avec son institutrice dans la salle de classe. Elle est punie. Sa maîtresse lui a demandé de copier 50 fois la même phrase. Le reporter la questionne sur l'obéissance, sur le devoir, sur les lois, celles de l'école et celles de la vie, sur la copie et sur l'invention, sur l'école et l'entreprise.

Le présentateur raconte une histoire de paysage.

HUITIÈME MOUVEMENT
(Désordre/Calcul)

Les monstres se soumettent à la loi des grands nombres.

Arnaud est rentré de l'école. Il est chez lui (avec un ami que l'on ne voit pas). Robert Linard l'interroge sur le commerce, l'échange, les mathématiques, sur la propriété, sur la multiplication, sur l'argent et la valeur des choses. Il lui apporte 10 000 francs en billets de banque.

La présentatrice raconte l'histoire d'un sourire.

NEUVIÈME MOUVEMENT
(Pouvoir/Musique)

Les monstres ont des compagnons favoris, les marchandises.

Camille est dans sa chambre, de retour de l'école. En lisant un journal de bandes dessinées, elle a mis sur son électrophone un disque de Mozart. Le reporter la questionne sur la musique et lui demande, à son avis, à qui elle appartient. Il l'interroge sur le rôle du son par rapport à celui de l'image, sur le bruit, sur le savoir et le pouvoir. Il lui demande si les sirènes existent toujours.

Le présentateur raconte l'histoire du successeur de Mozart.

DIXIÈME MOUVEMENT
(*Roman/Économie*)

Les monstres se distraient.

Arnaud regarde à la télévision un film de James
Bond. C'est l'après-midi. Robert Linard parle avec lui
de la télévision, du spectacle, du regard et de la
digestion, de l'ennui, de l'envie de raconter et de
parler, de la solitude.

*La présentatrice raconte l'histoire de ceux et de celles qui
n'en font pas un roman.*

ONZIÈME MOUVEMENT
(*Réalité/Logique*)

Les monstres ont fait deux inventions.

Après avoir mis le couvert, Camille dîne avec ses
parents et son petit frère. On entend les conversations
du repas. Camille mange presque sans parler.
Le reporter n'intervient pas.

*Le présentateur, Albert, raconte une histoire de vérité et
de mensonge.*

DOUZIÈME MOUVEMENT
(*Rêve/Morale*)

Les monstres reviennent encore une fois...

C'est le soir. Comme Camille dans le premier mouvement, Arnaud se prépare à se coucher. Tandis qu'il est allongé dans son lit, et avant qu'il s'endorme, Robert Linard, le reporter, vient lui parler. Il l'interroge sur le sommeil, le rêve, la pensée, l'existence, sur ce qui est obscur et ce qui est clair, sur le bonheur et le malheur, sur la vie, la mort, les origines du monde.

La présentatrice, Betty, raconte l'histoire de Richard et de sa solitude (sur une chanson de Léo Ferré).

SE VIVRE, SE VOIR

Je n'ai jamais quitté la France, je suis franco-suisse, d'une région bien déterminée entre la Haute-Savoie et la Suisse romande. J'ai quitté Paris depuis cinq ans, six ans. Après, c'était trop dur en province, je suis revenu au bord du lac de Genève. C'était trop dur parce que c'était la province française : on restait à l'intérieur du territoire, tout passait par la capitale.

Quitte à être l'étranger, autant l'être vraiment. La Suisse, c'est l'Israël de l'Europe. Quitte à être exilé, autant être exilé chez soi. Je suis étranger en Suisse : toujours face chez pile, pile chez face, ce qui déplaît aux autres. En tant que pile, je fais perdre la face à ceux d'en face. Et quitte à être seul, autant être seul sans des endroits où il y a le lac, les montagnes, l'herbe, et la ville, aussi. Le canton de Vaud est aussi grand qu'un Los Angeles où il y aurait la forêt, des lacs, entre les quartiers.

L'émission, c'est la France ; j'aurais pu l'appeler *Europe*, mais c'est *France* à cause du livre. Une partie a été tournée à Paris. Une France de quartier, quartier de la France, comme on peut dire quartier de la lune. Pour les enfants, à Paris, la télévision est un objet familier, moins sacré qu'en province. Moi, j'étais un professeur qui leur ferait faire dix minutes supplémentaires.

Six fois deux avait surpris, *Le gai Savoir* était un peu infantile, provocant, mais ça, je suis étonné qu'on ne l'ait pas reçu comme un travail sérieux, qu'on ait cherché la provocation où elle n'était pas. Un travail sur la langue française, oui, comme un recueil de chansons d'autrefois : pas le tour de la langue française, mais le tour des expressions. On est remonté jusqu'à Descartes, Aristote, systématiquement j'ai interrogé les deux gamins en disant : « Ou bien, ou bien. »

Au bout de trois émissions ils avaient des tactiques ; la petite fille : « Je ne sais pas », et le petit garçon : « Un peu des deux. » On les mettait dans une situation où chacun était obligé de faire un choix pour qu'on puisse voir son invention, sa capacité de décision, sans réfléchir très longtemps. La télévision le permet, le cinéma devrait pouvoir en tirer profit : se vivre et se voir à la télévision, puis au cinéma on peut faire des histoires.

Sauve qui peut (la vie) est un début d'histoire. Moi qui n'aime rien tant que les histoires, on m'a dit que je les détruisais. J'ai mis vingt ans pour m'accrocher, pour pouvoir commencer. C'est dur. Ce qu'on vous défend, c'est de raconter des histoires. *A boy meets a girl...* autre chose que ce que c'est d'habitude au cinéma.

Mes projets ? Faire la suite, sous forme de film, d'*Introduction à une véritable histoire du cinéma* [1], montrer les aspects inconnus de cette histoire : premier aspect, voir le cinéma plutôt que de le lire. C'est la seule histoire qu'on peut voir, l'autre, on peut l'inventer.

Le fait de voir est considéré comme dangereux, répréhensible. A chaque pays alphabétisé on dit que la

1. Éditions Albatros.

littérature libère. Moi je ne pense pas. Pendant un moment, on peut ne pas écrire en premier. Mais ils en arrivent à faire passer la littérature, à faire lire un télétexte sur un écran de télévision. On abîme les yeux, on a peur de leur pouvoir. Les enfants, s'ils pouvaient leur coller l'alphabet à deux mois...

Oui, on montre de plus en plus, mais on voit de moins en moins. Les images de télévision, c'est comme la musique d'ascenseur.

Un film, ça ne peut pas se dire, ça se vit. Je prends beaucoup de notes, mais pas pour décrire quelque chose qui va se passer, comme les gens qui font des scénarios, comme le Pentagone — un film qui a du succès échappe au scénario, ce qui ne veut pas dire que je suis contre les scénaristes. L'idée, c'est, en montrant des faits réels, comment on a fait des légendes. L'important, ce n'est pas que Griffith ait inventé le gros plan, c'est : à un certain moment, on a coupé le plan. Comme à un certain moment, avec Rimbaud, Joyce, Picasso, on a fait un saut.

Le cinéma muet, qui était populaire parce qu'il montrait les choses sans les dire, était très puissant. Walter Benjamin a dit la même chose à Adorno : « L'inconscient de l'industrie a pris peur, on a mis en pratique le parlant. »

Le muet, c'était la découverte du montage. Le cinéma n'est pas de la photo en mouvement, mais trois photos à juger, à comparer. Je vais démontrer comme un scientifique : Einsenstein a fait ça et ça, et ça montre ça.

Avec le cinéma parlant, il fallait cesser de voir, de penser, d'imaginer. Avec le muet, les gens ouvraient les yeux, ensemble. Tout le monde est à égalité devant l'image : le cinéma, ses yeux, à notre hauteur, moins tabous que le sexe, mais à recouvrir, puissants, à contrôler. Tous les grands du parlant sont muets. On prendra donc des exemples du muet et ce que c'est devenu à l'époque du parlant.

Hitchcock vous faisait mourir d'angoisse en montrant une rangée de bouteilles, et non une rangée de cadavres. Il lui fallait une puissance inouïe, mais une image avant, et après. Là on voit la vérité. Ça rend la justice. C'est clair, pas besoin de dire, ça se voit.

Voir l'histoire plutôt que la raconter. Le cinéma est le seul endroit où ça peut se faire. Si la seule personne qui peut dire la vérité ne la raconte pas, il doit bien y avoir une raison. Alors on emploie un autre moyen. On dit : il n'y a qu'à montrer. Je pense qu'on l'empêche. Aujourd'hui, les films, il ne s'agit pas de les voir, mais d'en parler. C'est ça, être critique, et nous, tous ceux de la Nouvelle Vague, on était plus proche d'Henri Langlois que d'aucun autre. Langlois était un cinéaste qui tournait ses films dans les projecteurs et non dans les caméras. Lumière a d'abord inventé le projecteur, et, après, la caméra. Puisqu'il y a un projecteur, il faut inventer de quoi le nourrir : entre Auguste et Louis, il a dû se passer quelque chose comme ça.

A la télévision, on a inventé le téléspectateur avant les programmes.

La télévision est comme du cinéma à l'échelle industrielle. Les gens de cinéma ont refusé d'être pris en charge par les PTT. Mais les gens des PTT avaient leur idée des films qu'ils voyaient, et comment ils pensaient qu'on faisait les films. Les PTT ont donc vu quelque chose, et on retrouve en plus rigide, parce qu'à l'échelle industrielle, toute la manière de faire du cinéma commercial, avec le corporatisme, les spécialisations, tout — quand on ne finit pas par retrouver les mêmes gens. Le cinéma à côté est un funambule, un tzigane : Verneuil est un tzigane par rapport au directeur de FR3. Enfin, par comparaison.

La vidéo, l'utiliser comme quelqu'un de cinéma et

utiliser le cinéma comme quelqu'un de télévision, c'est faire une télévision qui n'existe pas, un cinéma qui n'existe plus.

Les gens de cinéma refusent absolument la vidéo. L'avantage, pourtant, c'est que l'image qu'on fait, on la voit avant de la faire ; on décide ou non qu'on va la revendiquer. Si je n'ai rien avec cette image, je peux vous montrer mon angoisse et vous n'avez rien à dire. Mais les techniciens sont des sorciers, quand je dis ça il n'y a plus de sorcellerie et ce n'est pas la peine de gagner 5 000 F. Désacraliser, c'est ce qu'ils ne veulent pas. Ils refusent de voir ensemble.

Aujourd'hui, il y a plus de dispute qu'au Moyen Âge parce que les amoureux ne cherchent pas à voir, puis c'est le drame et la souffrance. C'est une émission de télévision entre eux, ils ne peuvent plus parler pour faire la lumière. Ils parlent, il y a des tonnes de sens qui se court-circuitent, et ils se séparent, il n'y a rien eu.

En France, on a vécu aussi la fin d'une illusion : on ne fait pas de la télévision tout seul, c'est ce qu'elle a de bien par rapport au cinéma, qu'on peut faire seul. Une émission qui ne passe pas, c'est pire qu'un film qui ne passe pas. Et ceux qui ont le pouvoir sont ceux qui passent plusieurs fois par jour, toute la semaine. Le cinéma a un extraordinaire pouvoir à la télévision, par exemple, quand il passe neuf fois par jour comme à la télévision américaine, c'est prodigieux. C'est le retour de l'enfant prodigue, le père qui l'avait chassé est maintenant complice, et le public fait fête, parce que le pire des De Funès est sans commune mesure avec les séries ; dans le cinéma, il reste une trace de liberté, de romanesque.

Mais enfin la puissance, c'est celui qui écrit, dit qu'il a vu. Moïse a ramené les tables de la Loi, il a vu des choses et il en a tiré profit. Socrate parlait sans écrire, il poussait la communication un peu loin, il a été exploité par Platon. Jésus, à sa manière, il a fallu en faire un livre. Les disciples viennent de la littérature, il n'y a pas de disciples dans le cinéma. Il n'y a que d'autres grands cinéastes. C'est la littérature qui permet de recopier, sinon, les romanciers originaux, ils deviennent fous, meurent de solitude.

Le cinéma peut appporter des solutions mais on ne voit que des problèmes. Depuis vingt ans, je change des choses dans le cinéma, alors que le public n'est pas encore là. On devrait pouvoir, ça ne se fait pas, les résistances sont les plus fortes.

A la télévision, personne ne fait rien, sauf les ouvrières qui fabriquent le poste. Non, il n'y a même pas d'énergie. Zitrone faisait quelque chose, et Couderc, mais qu'est-il devenu ? A la télévision, rien ne se crée, rien ne se perd, rien ne se transforme.

Il n'y a que des moyens de communication, mais il n'y a plus de communication. J'ai eu beaucoup de mal à faire passer le cinéma et la télévision comme des moyens de communication. On doit se demander : « Est-ce qu'on peut se servir de quoi, et pourquoi ? ».

— (Propos recueillis par Claire Devarrieux, *Le Monde*, 30 mars 1980).

LA CHANCE DE REPARTIR
POUR UN TOUR

Claude-Jean Philippe. — *La dernière fois que je vous ai rencontré, c'était en 1976, au moment de* Six fois deux *sur* FR 3, *j'avais été très frappé par votre désir d'anonymat. Vous m'aviez dit : « Ne prononcez pas mon nom. Est-ce que vous pouvez ne pas prononcer mon nom ? »...*

Jean-Luc Godard. — C'était une réaction de prudence. Le monde dans lequel on vit fait qu'on est dépassé. Après avoir été reconnu, on est surconnu, et méconnu par cette reconnaissance trop grande. Ce n'est plus le nom, c'est le sur-nom. A un moment, si on dit : « Georges Séguy, représentant la CGT, représentant la classe ouvrière », on ne reconnaît plus personne, ni Georges, ni la CGT, ni la classe ouvrière.

Donc ce n'est pas : « Ne me nommez pas », mais « Ne nommons pas »... Est-ce qu'on pourrait ne pas nommer le cinéma, non plus et peut-être ne pas nommer le travelling.

Dans *Six fois deux* quelqu'un disait : « Comment ça s'appellera quand ce sera le socialisme ? » Et l'autre répondait : « Peut-être que ça ne s'appellera pas. »

En nommant, on dit tellement de choses aujourd'hui que je pense qu'on ne nomme pas. Qu'on dénonce plutôt. Du reste en Suisse, quand on nomme quelqu'un pour une contravention, le terme qu'on emploie, c'est « dénonciation », qui n'a pas un caractère infamant en réalité, mais, n'ayant pas vécu longtemps là-bas, ça me choque toujours un peu...

Et puis surtout, aujourd'hui, on croit qu'on fait quelque chose en nommant... Toutes les discussions politiques... Les conversations très sérieuses sur les Jeux olympiques... on ne peut même pas en mourir de rire ou de parler : « Il pleut ou il fait beau dehors. » Je leur dis : « Écoutez, je vous en supplie, c'est la seule chose que je vous demande de ne pas me dire... Dites-moi une autre phrase... Je vous paie 100 balles... Allez dites-en une autre. »

L'image, elle, ne nomme pas. Le cinéma muet a été une grande révolution culturelle et populaire. Il ne nommait pas, mais on reconnaissait tout et on savait tout. Avec l'industrie du parlant, on s'est mis de nouveau à nommer. Avec la télévision, on en est au sur-nom jusqu'au ridicule.

— *Depuis toujours, pourtant, vous avez inscrit le texte, les mots en tout cas, assez violemment dans l'image.*

— C'est de l'homéopathie, c'est du vaccin. Les sérums sont pris dans des tissus malades, qu'on injecte à d'autres, qui fabriquent des anticorps, etc. C'est aussi la contradiction telle que l'a expliquée Mao Zedong de manière très simple, et dont on peut se servir, comme d'un outil.

— *Depuis quelques années, le chiffre « deux » est au centre de tout ce que vous faites :* Numéro deux, Six fois deux *(dont chaque émission était construite en deux parties),* les deux enfants de France Tour Détour... *On a l'impression que ce chiffre est devenu votre chiffre.*

— Non... mais ça aide... C'est le jour et la nuit, les oppositions, le système de langage « soit... soit, ou bien... ou bien »... Je crois que c'est venu du cinéma, qui m'a fait penser à ça de manière plus visuelle. Par ma culture, j'aurais eu tendance à vouloir publier mon

premier roman chez Gallimard, comme tous les jeunes
gens de la bourgeoisie cultivée après la guerre, en
France. Mais ce qui m'a toujours gêné avec la littérature, c'était d'avoir à écrire une phrase après l'autre...
Bon, la première phrase je peux l'écrire, mais je me
suis toujours demandé : « Qu'est-ce que je vais mettre
après ? » Et je ne sais pas... Le cinéma, si vous voulez,
pose la même question et peut la résoudre, comme la
musique et la peinture, parce qu'il y a une espèce de
bloc qui fait qu'on n'est pas arrêté dans sa marche par
cette question un peu stupide mais complexe : la
question de Porthos lorsqu'il se dit tout à coup :
« Comment est-ce qu'on met un pied devant l'autre »
et qui s'arrête de marcher.

... La question au cinéma est aussi : « Après un
plan, qu'est-ce qui vient ? » « Eh bien, un deuxième
plan. »... Mais je ne le sens pas comme une impossibilité fondamentale. Et, très tôt, je me suis demandé :
« Qu'est-ce qu'il y a entre les plans ? »... Ne sachant
pas répondre, j'ai pris des modèles, par exemple chez
Rossellini. A la question : « Combien de temps faut-il
faire durer un plan ? » Rossellini répondait simplement : « Ça commence quand la personne entre dans la
pièce et ça se termine quand elle sort de la pièce. Si elle
ne sort pas de la pièce, ça continue... »

— *Si vous avez été plus courageux, ou plus désireux de
faire du cinéma plutôt que d'écrire, est-ce que ce n'est pas
aussi parce que le caractère double des choses s'inscrit avec
beaucoup plus d'évidence dans la réalité ?*

— Absolument. Le cinéma, en tant que reproduc-
tion de la réalité, il est là. C'est en ça qu'il est
intéressant... J'ai toujours été attiré par le documentaire et j'ai toujours défendu, depuis le début, les
grands documentaristes : pas Grierson, non, mais
Flaherty, Rouch, Tazieff même...

... Pour moi une image de film, c'est une carte de

géographie, une boussole, une ordonnance (mon père était médecin)... Du reste la majeure partie du bénéfice de Kodak vient des plaques de radiographie. Il vient de l'analyse des maladies. Il ne filme pas le bonheur...

... S'il y a communication, on n'a pas besoin de parler, ni de faire de la musique, ni de faire des films. Le cinéma vient à un moment où il y a un manque de communication... Un horaire de chemin de fer peut servir à connaître la gare où il faut aller pour partir à Venise. Mais si on est à Venise, on ne va pas acheter un horaire de chemin de fer pour aller à Venise, puisqu'on y est.

Pour moi, une caméra, c'est un moyen de communication, et ma grande dispute avec les techniciens, c'est que pour eux, ce n'est pas un moyen de communication, évidemment, comme on est seul, comme il faut forcer, j'ai peut-être trop exagéré... Aujourd'hui, l'ennui, c'est que je me suis pris un peu trop les pieds là, et que je voudrais un peu plus vivre, et que j'y arrive moins bien...

... Effectivement, je ne fais pas de différence... Le cinéma, c'est la vie et j'aimerais bien vivre la vie comme du cinéma. Les moments où je m'amuse le plus dans les films et que je partage avec peu de gens, ce sont les moments de création, les moments financiers, les moments où le fait de faire du cinéma permet de se comporter dans la vie d'une manière moins craintive, parce qu'on a la force de la fiction avec soi et qu'on ose...

... Il y avait une histoire de Gébé qui se demandait d'où venait, dans le roman, la puissance du personnage du policier, ou de l'inspecteur ou du détective... Et il avait trouvé que c'était quelqu'un qui travaille les mains dans les poches. Là où les gens se balladent, lui travaille. Il peut entrer dans un café, s'adresser aux gens, les interroger... tout en gardant les mains dans

les poches ou allumant une cigarette... c'est un rêve.
C'est un héros ! C'est le roi...

Je pense qu'il y a un peu ça dans le cinéma.
N'importe quel film, même un de Funès ou un film
porno, est fait pendant trois mois ou trois semaines, en
vacances-travail... et ça, c'est de la dynamite... Effectivement, à un moment, le cinéma muet a été de la
dynamite.

— *Dans* France tour détour, *vous interrogez des
enfants, mais vous les interrogez de façon tout à fait
précise...*

— Parce que moi, je ne parle à personne et que si je
n'allais pas les interroger, je serais trop seul. Donc,
finalement, je trouve ça bien, le cinéma. Ça permet de
parler aux gens. A des moments, le documentaire
permet de parler aux gens autrement que dans un film
de fiction, où la seule chose qu'on peut dire à un
technicien c'est : « Veux-tu faire la lumière de mon
film ? » ou à un acteur : « Veux-tu jouer Julien
Sorel ? »...

— *Ce qui m'a frappé, c'est votre façon d'interroger les
enfants... A la fois au-dessous et au-dessus... avec des
questions plus qu'enfantines, et d'autres (les mêmes parfois)
qui leur passent « au-dessus de la tête », comme on dit...*

— Oui, mais c'st comme les chômeurs ou les gens
au-dessous du SMIG, que j'ai interrogés dans *Six fois
deux*... Les seuls qui répondent, qui ont besoin du
dialogue, les seuls qui acceptent de le jouer avec moi
contre rétribution, ce sont les gens qui sont payés au-
dessus du SMIG. Au-dessus du SMIG, c'est fini, c'est
le langage, si vous voulez, c'est *Apostrophes, Les
Nouvelles littéraires*... ou Verneuil... ou Chirac, peu
importe.

Il y a des chômeurs aussi. Un PDG peut parler,
mais juste s'il est en situation de chômage... Le SMIG
c'est la norme, la norme de sécurité. En dehors de la

norme, il y a encore les malades, qu'on appelle les fous, avec qui j'ai parlé dans *Six fois deux* et puis il y a les enfants. Il me restait les enfants...

Anne-Marie Miéville avait trouvé le vrai titre de la série : *Un mouvement de 260 millions de centimes vers un petit garçon et une petite fille.*

260 millions de centimes, c'est le budget de la série.

— *Chaque émission de* France tour détour *est construite de la même façon. Il y a d'abord, sans que ce soit dit, une courte fable, où il est question des monstres...*

— Au lieu de dire « les êtres humains », j'ai dit : « les monstres ». Si j'avais dit : « les êtres humains », on n'y aurait pas fait attention. Ce sont de gentils monstres... oui, ils sont un peu monstrueux...

— *Le texte prend tout de même le ton de la fable... le ton et le style.*

— Oui, c'est du documentaire. La fable, c'est du documentaire. La Fontaine est un grand documentariste.

— *Ensuite, il y a le mot* vérité *qui s'inscrit sur l'écran, en bleu pour le garçon et en rouge pour la petite fille.*

— « La vérité sort de la bouche des enfants », ce n'est pas moi qui l'ai inventé. Donc le mot « vérité », il vient là. Disons que la vérité passe, qu'elle sort... Mais dans quel sens va-t-elle ?... peut-être qu'elle y rentre. C'est tout ce que j'essaie de savoir... Mais elle passe par là. À un moment, elle passe là.

— *Ensuite, il y a le mot* télévision. *C'est la télévision telle qu'elle se présente avec deux speakers.*

— Oui, une speakerine et un speaker, à tour de rôle, oui.

— *Et il y a le texte rituel annonçant l'*Histoire *et l'histoire proprement dite... Est-ce que cette structure vous est apparue tout de suite ?*

— Oui, j'ai fonctionné comme un directeur de chaîne, c'est-à-dire en faisant une grille de programmes. Et puis j'ai commencé à faire des suites de plans... C'était comme un code, dont on aurait eu certains mots, mais dont il fallait retrouver la logique.

... Il y avait la logique aussi du livre dont on s'est inspiré : *Le Tour de France par deux enfants,* qui est un fourre-tout très organisé, avec des gens qui passaient d'un endroit à un autre, et qui rencontraient les problèmes du moment... C'est pour ça que le livre a eu un tel succès à l'époque. Il a été ressenti probablement comme une série de télévision. C'est un livre à images, qui a une structure romanesque, tout en étant très libre.

L'autre logique était celle de la journée... La journée d'un travailleur, donc la journée d'un écolier, puisque le travail enfantin dans les pays occidentaux, c'est l'école. On commence la nuit, mais la nuit, c'est juste avant que le jour se lève, et on avance au rythme du *programme* des deux enfants, jusqu'à la tombée du jour...

— *Si on parle de ceux à qui vous vous adressez, aux téléspectateurs, avez-vous le souci de parler au maximum de gens possibles ?*

— Non. Moi j'ai le souci de parler un maximum, à pas trop de personnes à la fois, pour qu'on s'entende.

— *Étrangement, quand on regarde bien un film d'Hitchcock, par exemple* Les Enchaînés, *on remarque qu'il y a l'auteur, le film, mais aussi un troisième personnage indispensable, le spectateur, puisque le film joue continuellement de son attente. Il me semble qu'il en va de même pour* Tour détour, *de façon très différente. Le personnage principal, quand je regarde vos émissions, c'est moi.*

— Hitchcock, lui, peut s'adresser presque toute la journée à quelqu'un. Tandis que moi, c'est plus difficile, parce que je demande un moment.

... Je pense que j'intéresse n'importe quelle personne. Encore faut-il trouver le bon moment. Je pense que la télévision, pour ça, pourrait être extraordinaire, parce qu'elle dispose d'un temps beaucoup plus vaste. Ce serait très bien qu'il y ait des émissions qui passent à deux heures du matin, et qu'elles soient vues par ceux qui doivent les voir. Que ce soient des films érotiques, ou des films philosophiques...

... La musique de chambre, par exemple, s'écoute tranquillement...

— France tour détour, *serait de la musique de chambre ?*

— Oui... ou de la peinture. Lorsque la série avait été commandée par Marcel Jullian, il avait été entendu qu'on essaierait de faire à la fois du roman et de la peinture, ce que je crois peuvent faire aujourd'hui les enchaînements d'images... Cézanne avec les moyens de Malraux...

... Ou bien de la philosophie sous forme de musique de chambre... Je suis philosophe et je souffre parfois du mépris que peuvent avoir pour moi les philosophes ou les scientifiques. Je pense que j'ai fait deux ou trois découvertes scientifiques, mais qui n'ont pas été traduites sous forme littéraire. Dans *Tour détour*, par exemple, j'ai découvert d'où vient la lettre A...

... Si vous voulez, moi, je suis à un moment où j'ai envie de faire ça, des recherches, et de montrer ce que j'ai trouvé, comme un explorateur, et après, de m'en servir pour faire mes ballets, mes opéras, mes romans...

... La télévision serait idéale pour faire des scénarios, mais, si je puis dire, *in vivo*, pour vivre le scénario se faisant... Et ensuite, de ça, on fait une œuvre en trois cents pages, ou en une heure et demie, ou en quatre heures, sous une certaine forme.

— *Est-ce que la façon dont vous vous déclarez philosophe ou scientifique n'est pas inscrite dans la logique même de la création cinématographique ?*

— Oui, un plan après l'autre, c'est Socrate. Et Socrate, du reste, est un type qui n'a jamais rien imprimé. C'est Platon qui s'est servi de lui pour en faire un best-seller... Et puis, au bout d'un moment, Socrate était détesté... C'était quelqu'un qui avait besoin de parler aux autres !... Et qui avait besoin d'aller plus avant jusqu'à ce qu'il emmerde effectivement... Ce qui lui a manqué, c'est un autre Socrate. S'il y avait eu un autre Socrate, ils auraient pu faire des choses ensemble...

— *Vous m'avez dit l'autre jour que votre prochain film*, Sauve qui peut (la vie), *vous apparaissait comme votre premier film.*

— Je bénéficie de l'accélération de l'histoire. J'aurai eu deux vies en une, et donc l'occasion de faire deux fois des films. Les femmes sont plus habituées à avoir deux vies, puisqu'elles donnent naissance à une autre vie. Pour les hommes, ça peut se passer dans le temps au lieu de se passer dans l'espace. Moi, j'ai ce sentiment d'avoir fait un tour et d'avoir la chance de le repenser comme un autre tour... — « Entretien réalisé par Claude-Jean Philippe, *Les Nouvelles Littéraires*, 30 mai 1980).

ALFRED HITCHCOCK EST MORT

Serge July. — Pourquoi Alfred Hitchcock est-il si profondément identifié pour le public au cinéma américain, au point de l'incarner?

Jean-Luc-Godard. — Parce qu'il a restitué pour les gens — le public et la critique — toute sa puissance à l'image et aux enchaînements d'images! Avec Hitchcock, les gens ont été contents de redécouvrir que le cinéma avait encore cette puissance extraordinaire que rien n'égalait. Ça les a rassurés qu'on puisse toujours faire du cinéma, qui est un art populaire par excellence. Et peut-être qu'eux-mêmes alors existaient en tant que peuple.

— *Pourquoi restitué?*

— Parce que cela avait été perdu. Il a redéfini pour les gens ce que le cinéma muet avait dû être, un truc très populaire mais qui allait très au-delà. Et qui avec la complicité de la presse, des scribes et de la manière dont on utilise le langage (ceux qui se servent de la littérature pas pour communiquer mais pour diriger) avait été domestiqué par l'invention du parlant.

Le cinéma, c'est l'enfance de l'art. Les autres arts, c'est l'art adulte. Et le cinéma avait repris tous les autres arts mais à un échelon populaire, au stade de l'enfance. C'est pour cela que c'est un art démocratique alors que la musique et la peinture par exemple ont toujours été très élitistes. Même quand Mozart s'inspirait d'une fanfare de village, c'était toujours pour un prince. Et le cinéma a apporté la force de Mozart et de Picasso dans l'Himalaya, aussi bien que dans un village suisse ou andin.

Hitchcock, c'était un « voyant », il *voyait* ses films, avant de les écrire.

L'anecdote sur *Correspondant 17* est connue. Il se promène en Hollande, il voit un moulin dont les ailes s'arrêtent. Tout le monde dit : « Les moulins c'est joli en Hollande », lui dit : « Tiens, pourquoi ça s'arrête ? » Et c'est un film policier qui commence. « Ces ailes arrêtées, c'est peut-être un signal. » Mais la phrase : « c'est peut-être un signal », c'est ce que j'appellerais du vrai langage et non pas du langage de scribe.

Hitchcock était le seul homme qui pouvait faire trembler 1 000 personnes, pas en leur disant comme Hitler : « Je vous massacrerai tous », mais comme dans *Notorious* en montrant une rangée de bouteilles de bordeaux. Personne n'a réussi à faire ça. Seuls les grands peintres, comme le Tintoret.

Dans son étude sur le Tintoret, Sartre raconte à propos du Vénitien ce que les critiques ont toujours beaucoup reproché à Hitchcock : à la fois ils étaient subjugués par lui et en même temps ils lui en voulaient de son amour du box-office. De la même manière, le Tintoret essayait de battre tous ses concurrents dès qu'il entendait parler d'une commande. Pour rafler plus vite un marché, il mettait ses « aides » au travail. Ce qui fait que lorsque les autres arrivaient avec des esquisses, lui il avait déjà fini le tableau. Et il empochait le marché. Hitchcock faisait la même chose. Et puis il était très proche du public au sens classique : c'est aussi pour cela qu'il est identifié à la puissance du cinéma.

— *D'où lui venait cette force, cette capacité à voir, à penser images ?*

— Hitchcock faisait partie d'une génération qui avait connu le muet, qui venait du muet. Chez Hitchcock, l'histoire vient vraiment du film, elle se développe en même temps que le film comme le motif se développe chez le peintre. Et c'était comme cela que les gens voyaient le cinéma au temps du muet. Tout film qui marche, bon ou mauvais, c'est toujours un peu cela.

Il y a toujours chez lui un côté conte de fées. Ce sont des princesses, des histoires d'Alice au pays des merveilles, et de petit chaperon rouge. Des histoires dont personne ne penserait à faire un film sauf lui et autrefois au temps du cinéma muet, tout le monde pensait à en faire des films.

— *C'est un moraliste...*

— Il appartient à cette tradition anglo-saxonne très moraliste qui comprend aussi bien Nathaniel Hawthorne qu'Edgar Poe. Cet homme très laid par exemple a tourné avec les plus belles femmes du cinéma. Et c'est, je pense, ce qu'aimait le public. Lorsque Vadim tourne avec une belle femme, le public est frustré à un moment ou à un autre parce qu'il sait que Vadim couche avec cette femme. Tandis qu'avec Hitchcock, il était sûr qu'il ne se tapait pas Grace Kelly.

C'était un type assez curieux qui a toujours emprisonné ses actrices en leur faisant signer des contrats de huit ans et en ne leur faisant rien faire. S'il y a un cinéaste qui aurait pu « réaliser » Proust à l'écran, c'est Hitchcock. Mais il n'a pas eu besoin de le faire, parce que c'est cela qu'il faisait.

— *Dans* Notorious, *qu'on a pu revoir dans une nouvelle copie récemment à Paris, Ingrid Bergman n'est jamais « au repos », elle est toujours soit extatique, soit malade, soit ivre, soit effrayée...*

— Effectivement, Hitchcock filmait les actrices comme des plantes. Sauf qu'entre une rose et une tulipe, il mettait un scénario policier.

Notorious, c'est de la poésie pure, c'est de l'histoire pure, comme *Vertigo* est de la pure peinture et *Le Faux Coupable* de la pure morale.

Alfred Hitchcock est le seul poète maudit qui ait eu un succès commercial immense, qui ait eu une villa à Hollywood, qui n'ait pas eu besoin d'aller en Abyssinie et qui n'ait pas été empêché de faire des films — comme Eisenstein — par un Staline.

Hitchcock, c'est quelqu'un qui a réussi. Qui n'a pas dû être heureux dans sa vie mais qui a résolu les problèmes que beaucoup d'autres cinéastes ont été impuissants à résoudre. Trouver un film régulièrement, réussir à faire à chaque fois un film qui marche.

Je peux dire qu'il est unique comme une étoile.

Depuis deux ou trois ans, je m'interroge sur la difficulté de faire du cinéma. En ayant beaucoup de difficultés, en me demandant pourquoi j'ai ces difficultés, pourquoi « faire du cinéma » est-il si difficile, pourquoi « voir » n'intéresse-t-il pas !... Qu'il faille toujours « dire » à côté. Et quand je revois un film de Hitchcock, je suis subjugué.

Hitchcock, c'est l'histoire d'un type solitaire, qui se trompait peut-être sur lui-même et qui a découvert le montage. L'histoire du cinéma sur laquelle je travaille sera plutôt celle de la découverte d'un continent inconnu et ce continent, c'est le montage. Lorsque Dos Passos a monté ses romans d'une certaine manière, lorsque William Burroughs a plié ses papiers d'une certaine façon, cela venait du cinéma qui est effectivement l'art du montage. Chacun a découvert des petits bouts de ce continent dans le cinéma et je crois que quelqu'un comme Hitchcock, pendant une vingtaine d'années, a tout réussi. Quand les *Cahiers du cinéma* ont dit de Hitchcock : « Ça c'est du cinéma et les autres c'est caca », d'un seul coup les *Cahiers* et le barman d'à côté étaient d'accord. Et cela définit une époque.

Le cinéma, c'est l'invention du montage. Et le montage n'existait pas dans les autres arts. Lorsque Eisenstein, dans ses écrits, parle du Gréco, il ne dit jamais « ce peintre », mais « ce monteur » et il évoque les « montages sur Tolède ».

Or, le montage c'est ce qu'il fallait détruire parce que c'est ce qui fait *voir*. Le rôle du parlant avec l'appui de l'imprimerie et des mauvais écrivains a été d'empêcher les gens de *voir*, ce que le montage permettait de *voir*. Il fallait immédiatement en reprendre le contrôle. Et du reste, la télévision c'est cela. Une grande lutte perdue.

— *Y a-t-il un style Hitchcock ?*

— Quand on voit le premier plan d'un film d'Hitchcock, le public sait tout de suite qu'il est dans un film d'Hitchcock. Chez lui comme chez les grands peintres, il y a immédiatement un tableau et les tableaux ne cessent de s'enchaîner. Quand il filme une fleur, c'est déjà une histoire. Il suffit de demander aux gens de raconter un film d'Hitchcock. C'est systématique, les gens répondent en décrivant une image qui les a frappés. Et même généralement un objet. Des souliers, une tasse de café, un verre de lait, des bouteilles de bordeaux. C'est quand même extraordinaire, tu demandes à quelqu'un s'il a vu *Notorious* et il te répond : « C'est le film avec les bouteilles de bordeaux. » C'est comme Cézanne. On parle de la pomme de Cézanne comme des bouteilles de bordeaux d'Hitchcock dans *Notorious*.

— *La télévision vient de rediffuser* Soupçons *avec Joan Fontaine et Cary Grant. Cary Grant à un moment veut embrasser Joan Fontaine. Plan américain. Il se penche, elle résiste. Alors Hitchcock, juste à ce moment-là,*

*filme en gros plan et en plongée le sac que Joan Fontaine
serrait sur sa poitrine et qu'elle ferme. Et de nouveau, le
plan américain. Ils ne s'embrasseront pas cette fois-ci.*

— L'image est très liée à la justice. Parce que
l'image c'est une preuve. Le cinéma donne à chaque
fois la preuve matérielle de ce qui se passe. Avec ce
gros plan du sac, Hitchcock nous donne la preuve
matérielle qu'ils vont se séparer. C'est quand même
fantastique, on chercherait en vain la moindre trace de
rhétorique chez lui, le moindre effet.

Je crois que si les films étaient bons, la justice ne
pourrait être rendue de la même manière. L'institution
judiciaire est entièrement dominée par le texte. Les
avocats sont d'ailleurs très coupables. Ils préfèrent
faire de belles plaidoiries plutôt que d'enquêter pour
amener des pièces à conviction.

— *Pourquoi la mort d'Alfred Hitchcock comme celle, je
crois, de Rossellini marquent-elles pour toi la fin d'une
époque ?*

— Pour moi, le cinéma c'est *Eurydice*. Eurydice dit
à Orphée : « Ne te retourne pas. » Et Orphée se
retourne. Orphée, c'est la littérature qui fait mourir
Eurydice. Et le reste de sa vie, il fait du pognon en
publiant un livre sur la mort d'Eurydice.

Effectivement, moi qui me trouvais un peu entre
Hitchcock et Rosselini, il y a des moments où je me
dis : « C'est mort. » Comme si le cinéma était bouclé.

Hitchcock aurait encore pu faire facilement deux
films et il ne les a pas faits. Et les derniers se sont mis à
ressembler à ce qu'écrivaient les critiques de ce qu'il
faisait. Plutôt que de voir un signal dans les ailes
arrêtées d'un moulin, il s'est dit : « Je vais faire un film
d'espionnage, il y aura un signal qu'on envoie » et alors
il essaie de trouver « les ailes arrêtées » ou un truc
comme cela. C'est exactement de cette manière que
fonctionnent la télévision ou les photos dans la presse.

Je crois qu'il s'est arrêté de lui-même, qu'il est tombé malade et qu'il est mort. Il n'aurait pas dû mourir comme cela, il avait encore des années devant lui, parce que le cinéma ce n'est pas fatigant. La caméra, elle est sur pied et même si la main du réalisateur tremble, la caméra, elle, ne tremble pas. Celle de Renoir, si.

La mort d'Hitchcock, c'est le passage d'une époque à l'autre. Elle est venue à peu près au moment de l'invention du télétexte. Je crois qu'on entre dans une période marquée par l'arrêt du visuel, ou plus exactement le reflux du visuel. L'époque refoule le visuel.

Pour moi, les images c'est la vie et les textes, c'est la mort. Il faut les deux : je ne suis pas contre la mort. Mais je suis pas pour la mort de la vie à ce point-là, surtout pendant le temps où elle doit être vécue.

L'époque actuelle, c'est le triomphe absolu de la mort. Prenons le cas des camps de concentration, on ne verra jamais un film sur les camps. Il n'y en a qu'un, c'est le film polonais de Munk, *La Passagère*. Et encore, il a fallu que ce soit les Polonais qui encaissent le plus pour qu'une cinématographie accepte de faire un film qui est un des rares films où on « voyait » les camps.

Cette domination de Gutenberg fait jouer à la mort un rôle qui n'est pas le sien. Par contre, dans les films de Hitchcock, la mort a une puissance de vie formidable. Et les gens compreniaient très bien. La frayeur était vivante.

Il y a d'ailleurs dans l'affaire du désert de Tabas un bon exemple de peur du visuel, lorsque Carter dénonce le fait que les Iraniens montrent les cadavres des Marines carbonisés.

Ça me paraît être la moindre des choses. Carter a eu peur de ces images. Il voulait les cacher. Pourquoi cacherions-nous la mort ou le cul : ça ne va plus du tout.

— Tu crois qu'il y a aux États-Unis aussi un reflux du visuel !

— Oui, mais c'est pourtant les États-Unis qui pratiquent le plus le visuel. C'est-à-dire qui pratiquent une certaine démocratie. J'en suis arrivé au point de penser que si les États-Unis dominent le monde, c'est parce que c'est le seul pays où existe encore ce qui se rapproche le plus d'une démocratie. Et que c'est plus fort que le fascisme, que le communisme ou le gauchisme par exemple. Ça tient à plein de raisons.

Le cinéma américain est fort parce qu'il représente cela. Sinon il n'y aurait aucune raison pour qu'un film américain soit aimé aux quatre coins du monde. Un film chilien n'est pas aimé partout. Et un film suisse n'a aucune chance aux Indes ou au Mexique. Un film américain partout.

Sans compter que maintenant encore, beaucoup de choses qui se produisent doivent venir d'Hitchcock. Cette manière de faire des scénarios et de voir, finit par influencer les gens du Pentagone. Les généraux US font des sous-films d'Hitchcock dans le désert de Tabas. C'est en cela qu'Hitchcock était aussi très marrant.

— Ce reflux du visuel a-t-il influencé ton tournage de Sauve qui peut (la vie) *qui sera présenté à Cannes en sélection officielle ?*

— Des gens comme Welles, comme Pialat, comme moi, nous sommes des naufragés. On a énormément de mal. Tout ce que je demande, c'est qu'on me laisse survivre. Nous sommes des gens auxquels on ne fait pas confiance. On a peur de me donner un franc de crainte que je ne garde 80 centimes pour acheter du matériel et que je ne tourne que pour 20 centimes. Alors on ne me donne pas grand-chose. Et puis j'ai trouvé le cinéma très désagrégé. Les techniciens eux-mêmes jouent des rôles sans raison. J'ai eu l'impression de faire un premier film et en même temps tout cela est un peu désespérant. Je ne crois pas qu'on aura encore longtemps la force de faire du cinéma. — (Entretien réalisé par Serge July, *Libération*, 2 mai 1980) mieux encore, des plateaux rayés. [...] impression de faire un premier film et en même temps tout celui-ci fini de décaper un. J'ai encore vue qu'on sera encore longtemps la terre de loin du cinéma. — (Entretien réalisé par Serge Jah... Libération, 7 mai 1960.)

LES ANNÉES MAO (1968-1974)

LES ANNÉES VIDÉO (1975-1980)

*Achevé d'imprimer en mars 1991
sur les presses de l'Imprimerie Bussière
à Saint-Amand (Cher)*

N° d'éditeur : 13108.
Dépôt légal : Avril 1991
N° d'impression : 990.

Imprimé en France

Nº d'édition 15707
Dépôt légal / Avril 2001
Nº d'impression : ...
Imprimé en France

53-